ENSALADAS

ENSALADAS

La vuelta al mundo en 120 recetas

Katie & Giancarlo Caldesi

Fotografías de Helen Cathcart

5tintas

A Manjula, gracias por cuatro maravillosos años, te deseamos toda clase de éxitos en el futuro.

La edición original de esta obra ha sido publicada en el Reino Unido en 2016 por Kyle Books, sello editorial de Kyle Cathie Limited, con el título

Around The World In Salads

Traducción del inglés
Gemma Fors

Edición del proyecto: Vicky Orchard
Diseño: Louise Leffler
Fotografía: Helen Cathcart
Estilismo culinario: Susie Theodorou
Estilismo: Linda Berlin
Producción: Gemma John y Nic Jones

Diagonal, 402 – 08037 Barcelona
www.cincotintas.com

Impreso en China
Código IBIC: WBVG
Depósito legal: B 22.165-2016

ISBN 978-84-16407-25-5

Leyenda de la información nutricional:

SL – sin lácteos
SG – sin gluten
V – vegetariana
Ve – vegana

contenidos

introducción

Siempre me han gustado las ensaladas; me encantan las crujientes hortalizas frescas, las coloridas hojas y los aliños con garra. Despiertan mi mente, me aportan energía y me llenan el estómago sin dejarme perezosa o cansada. No puedo decir lo mismo de mi esposo, Giancarlo; él era el señor pasta y yo, la señorita ensaladas. Entonces, en cuestión de un mes, nuestra vida dio un vuelco. A Giancarlo le diagnosticaron diabetes: debía perder peso, dejar de tomar azúcar e ingerir menos hidratos de carbono. Esto significaba menos pasta, nada de azúcar en el capuccino y nada de pasteles ni galletas. A las pocas semanas le informaron de que sufría una intolerancia considerable al gluten. ¡Pobre Giancarlo! Se veía obligado a dejar la pasta, el pan y la pizza, todo lo que le encanta a un italiano tradicional. La parte positiva era que podía tomar ensaladas y nadie le prohibió comer hortalizas.

Meses después, supimos que nuestro hijo Giorgio también presentaba intolerancia al gluten; había experimentado dolores de cabeza, migrañas y momentos de gran cansancio y debilidad. De modo que ahora somos una familia prácticamente sin gluten y las verduras son las protagonistas de nuestras comidas. Cultivamos gran parte de las que consumimos y procuramos comprarlas a los productores locales y de cultivo ecológico.

Las ensaladas son frescas, nutritivas y, normalmente aunque no de forma exclusiva, bajas en azúcar y a menudo sin gluten. El presente libro, inspirado en la nueva manera de comer que tuvimos que adoptar en casa, sigue la regla del 90/10: es decir, que consumimos alimentos sanos preparados por nosotros un 90 por ciento de las veces, y nos permitimos caprichos el 10 por ciento restante. Nos gustan las verduras frescas, la buena carne y el pescado de calidad, los alimentos integrales y la menor cantidad de azúcar posible. Cuando tomamos hidratos de carbono en forma de pasta, patatas, cereales o alimentos dulces, como la fruta fresca o seca, formas de azúcar naturales o procesadas, los combinamos con proteínas y grasas con el fin de no aumentar el nivel de azúcar en sangre. Curiosamente, así es como comía la familia de Giancarlo en la Toscana cuando él era pequeño. Combinaban pequeñas raciones de pasta con ragú, la carne se acompañaba de muchas verduras, y la ensalada de la huerta se tomaba con pan y queso. Toda su familia estaba sana y delgada. Fue en el Reino Unido donde Giancarlo empezó a comer raciones enormes de pasta, a tomar café con leche todo el día y a permitirse frutas dulces y galletas. Para cambiar estos hábitos me planteé que tanto él como mis hijos empezaran a inclinarse hacia el lado más verde de la alimentación.

Juntos nos propusimos descubrir nuevas formas de tomar verduras y nos centramos en las ensaladas que se comen en

diversas partes del mundo. Viajamos al sudeste asiático, Marruecos, Italia y Estados Unidos para aprender una nueva manera de comer. Trabajamos con cocineros caseros y chefs de países como la India, Nepal, Sri Lanka, Camboya, Norteamérica y Sudamérica, China, Japón, Francia, Kuwait, Grecia, Perú, Corea y otros. Queríamos conocer y aprender a utilizar otros ingredientes. También aprendimos a cortar las hortalizas de nuevas maneras –la presentación marca una gran diferencia–, a jugar con distintas texturas y a equilibrar los sabores dulces y ácidos.

Gracias a nuestros viajes expandimos nuestro horizonte culinario. Nos hemos inspirado en otras culturas y hemos conocido a personas que nos han entusiasmado.. Hemos aumentado en gran medida nuestro repertorio de recetas familiares y hemos hallado una manera más sana de comer.

Giancarlo y yo somos unos apasionados profesores y restauradores. Al escribir este libro, nuestro objetivo es decirle: «Mire qué fácil es preparar esto»; «Pruebe esto; es saludable y sabe de maravilla», y sobre todo, «Vea cómo puede convertir las hortalizas cotidianas en una ensalada magnífica y apetecible».

¿qué es una ensalada?

La palabra «ensalada» viene de *herbe salato*, que significa «hojas saladas», en referencia a un cuenco con hierbas aderezadas, y nace en la antigua Roma, o posiblemente antes. El escritor romano Plinio escribió a su amigo sobre una ensalada que se mantenía fresca con nieve y le recriminó estar demasiado pendiente de las bailarinas para darse cuenta de este fascinante fenómeno.

El jardinero y escritor italiano Castelvetro se horrorizó ante los hábitos alimentarios ingleses al inicio del siglo XVII y escribió un libro entero sobre ensaladas. No quería que los ingleses desperdiciaran las hierbas y hojas que su entorno les proporcionaba. Yo misma descubrí la tendencia actual de utilizar la hortaliza entera en un reciente viaje a Nueva York. Las partes sobrantes de la verdura, como las hojas de las zanahorias y la remolacha o los tallos de brócoli pueden utilizarse para aportar más nutrientes y variar las texturas a fin de elaborar ensaladas más interesantes, como en la receta de la página 181 con hojas de zanahoria o la que incluye hojas de remolacha en la página 130.

La ensalada es una cosa diferente para cada persona. Para algunas significa un plato frío, aunque puede ser tibia; para otras suele constar de hortalizas troceadas. ¿Debe contener hojas o algún ingrediente crudo? No, a veces se prepara enteramente con hortalizas cocidas y aliñadas. También hemos incluido unas cuantas salsas que estrictamente no se consideran ensaladas por sí solas. La carne, el pollo y el pescado, además del tofu y las ensaladas de legumbres aportan proteínas al plato. Para nosotros, una ensalada es un plato de base vegetal con algún tipo de aliño.

una buena ensalada

¿Qué es una buena ensalada? Se empieza por los ingredientes. ¿Qué hay en el frigorífico que deba consumirse? ¿Cuáles son los productos de temporada? La alegre zanahoria y la crujiente lechuga no precisan más que un buen aliño o salsa, pero no hay que descartar el cilantro mustio, pues puede preparar con él un Chutney de cilantro (pág. 40), ni un perejil algo pasado, con el que se puede preparar una Salsa verde (pág. 91). Coja los ingredientes de la propia planta o del estante de un establecimiento y monte con ellos un plato. Esto es una ensalada.

texturas

Esta sea probablemente la lección más importante que haya aprendido al escribir el presente libro. Utilizar una diversidad de texturas puede animar una ensalada, hacerla diferente y a menudo más apreciada. Resulta esencial hallar el equilibrio entre ingredientes secos y húmedos y crujientes y blandos. La ensalada aparece en casi todas las comidas de nuestra casa, en ocasiones como plato principal y otras veces como plato secundario. Sacamos ingredientes del frigorífico como un par de zanahorias, las rallamos gruesas, las salpimentamos y les exprimimos limón por encima. Cortamos unas virutas transparente de un trozo de queso y las añadimos a la zanahoria. Desmigamos un poco de pollo cocinado y lo aliñamos bien. Un puñado de hojas blandas, unas rodajas de pimiento, unas legumbres consistentes o unas judías cocidas se mezclan con unas semillas tostadas o frutos secos, a lo que se añade un aliño casero. Un plato apetitoso, fresco y equilibrado lleno de texturas diversas. Los ingredientes no se mezclan necesariamente, sino que se presentan en montoncitos, para que los comensales con manías puedan esquivar el pimiento o el cilantro (¡ya sabéis quiénes sois!). La cena está lista en menos de 20 minutos.

equilibrio y dulzura: sal, especias y azúcar

Las ensaladas y aliños deben mantener un equilibrio entre sabores dulces y salados. Como habitualmente se utilizan alimentos ácidos como el vinagre o los cítricos, hay que equilibrarlos con algo dulce, como la manzana, la fruta seca o algún endulzante. En Vietnam se usa el azúcar para equilibrar una vinagreta fuerte de zumo de limón. El vinagre de vino tinto se suaviza con una cucharadita de azúcar en la vinagreta francesa y el vino dulce mirin compensa los sabores ácidos en la cocina japonesa.

Cuando ha sido posible hemos empleado azúcares naturales (no nos gusta consumir productos procesados) como la miel, el jarabe de arce o los dátiles, pero siguen conteniendo fructosa (el azúcar de la fruta), al igual que el azúcar glas o integral, y aumentarán el nivel de azúcar en sangre, así que hay que utilizarlos en cantidades mínimas. No tiene sentido sentirse satisfecho al eliminar el azúcar envasado de la dieta si se sustituye por unos puñados de pasas o aliños bajos en grasa pero cargados de azúcar. Cuando utilizamos un azúcar lo hacemos en la menor cantidad que consideramos necesaria para la receta y lo hemos equilibrado con el empleo simultáneo de proteínas o grasas para reducir las puntas de azúcar. El sirope de malta de arroz no contiene fructosa, por lo que es buena opción; posee un sabor que puede resultar delicioso pero puede resultar demasiado potente para algunos aliños. El sirope de agave es un buen sustituto de la miel en una receta para veganos pero, al estar elaborado a base de una planta, también contiene fructosa y eleva el nivel de azúcar en sangre si no se consume con proteínas o grasas. Los trozos de melocotón, manzana, naranja, mandarina, arándanos o fresas añaden dulzor natural a la ensalada si lo precisa y los cítricos como el yuzu, el limón, la lima o la naranja amarga ofrecen una acidez natural. Las recetas caprichosas como la Ensalada de arroz, piña y anacardos con cerdo hula y pimientos asados (pág. 74) o las ensaladas dulces del final del libro pretenden ser la excepción, no la norma.

Unas cuantas texturas como inspiración:

Granos de pimienta machacados: rosa, verde y negra

Alcaparras fritas

Aperitivo Bombay Mix

Las migas de masa fermentada seca son excelentes como tropezones y pueden especiarse con hierbas, cítricos o ajo

Cebolla frita crujiente

Cebolla tierna remojada en agua fría para rebajar el sabor

Tiras finas de carne frita, como beicon, chorizo o salchicha cocida desmenuzada

Frutos secos, remojados, tostados, molidos, caramelizados, almendras saladas o dulces

Pipas peladas de calabaza, girasol o sésamo, tostadas para acentuar su textura crujiente y su sabor

Encurtidos picados, como nueces, cebollas, pimientos, alcaparras y aceitunas para añadir picante

Flores comestibles para dar color y una textura suave; si las hierbas son de flor, utilícelas juntas

Virutas de queso

ingredientes

hojas: cómo tratarlas bien

Existe una enorme variedad de hojas pero, aun así, ¿cuántas veces vemos una ensalada verde elaborada con hojas insípidas con una textura horrible? Las lechugas tipo rizada o iceberg no tienen cabida en este libro. Los canónigos son agradables a la vista pero les falta sabor. A mí me encantan las hojas de mostaza, los berros y la rúcula, pero a Giancarlo le parecen demasiado picantes, por lo que utilizo unas cuantas hojas sin enmascarar los demás sabores de la ensalada y él ni lo nota. Elija las hojas que le gusten y, a ser posible, cultívelas usted mismo. No olvide las semillas germinadas, los microvegetales o el mastuerzo. El mastuerzo y otras plantas de semillero le ofrecerán una nueva textura y enriquecerán otras hojas.

Si puede cultivarlas en casa, nuestro amigo Paolo Arrigo, que vende semillas, me aconsejó que buscara las que se cultivan en climas similares al propio. Le apasiona (es italiano) la gente que utiliza semillas desarrolladas en las mismas condiciones en que crecen de forma natural. Con mini-invernaderos y semillas de climas más fríos podemos cultivar lechugas que duren todo el invierno. Las lechugas para ensalada crecen tan deprisa que me alegro enormemente cada vez que salgo al jardín y veo los cambios diarios; la nueva hortelana que llevo dentro está feliz y contenta, y en casa comemos verduras ecológicas de bajo coste. Cuando vivíamos en un piso en Londres, un viejo escritorio se convirtió en una mesa de cultivo junto a una ventana soleada, de modo que no hay excusa para no cultivar unas pocas hojas.

Es una pena tirar a la basura bolsas de ensalada que no se han utilizado y se han quedado mustias, pero nos pasa a todos. Con un poco de planificación esto puede evitarse; trátelas como si fueran flores siguiendo estas indicaciones y tendrán una vida más larga.

No lave las hojas si las ha cultivado usted y sabe que están libres de pesticidas. Lave las hojas que compre sumergiéndolas en un bol con agua muy fría. Esto las revivirá y les aportará hidratación.

Centrifugue siempre las hojas, pues deben guardarse y consumirse secas. Si no dispone de una centrifugadora o no tiene espacio para ella, envuelva las hojas sin apretarlas en un trapo de cocina, uniendo los extremos. Haga girar el trapo bien sujeto y vigile con las salpicaduras. Es un método divertido y eficaz.

En el caso de las hierbas corte los tallos cada dos días y póngalas dentro del frigorífico en un recipiente con agua fría que no se vuelque fácilmente. Cubra las hierbas holgadamente con una bolsa de plástico o de papel para aislarlas un poco de la temperatura de la nevera. El perejil aguanta dentro o fuera del frigorífico; la albahaca es más delicada, por lo que es mejor conservar las hojas en la planta y cortarlas cuando vayan a usarse. La menta es feliz en un alféizar soleado. El cilantro dura más en el frigorífico. El romero y el tomillo, más resistentes, estarán mejor en el frigorífico, en agua y sin tapar. Además, se puede colocar el recipiente en la repisa para botellas de la puerta de la nevera, así las hierbas no se congelarán.

Masajee con las manos las hojas más duras, como las de kale, durante 5 minutos. Verá cómo se ablandan y su color se aviva. Esto ocurre al romperse la estructura de celulosa, y con un poco de sal, aceite o limón (o un poco de cada), el masaje es más fácil.

cereales

Los cereales son una buena fuente de vitaminas y minerales, nos sacian y nos llenan de energía, ya que son una mezcla de proteínas e hidratos de carbono. Nosotros los utilizamos a menudo en pequeñas cantidades para saciar a los chicos. Los cereales integrales son ideales: el arroz, el farro, la espelta, la cebada, el amaranto, el freekeh, los granos de trigo, el trigo sarraceno, el teff y el cáñamo poseen más fibra y nutrientes que los cereales refinados. Esto significa que son hidratos de carbono de liberación lenta y provocan una menor subida del nivel de azúcar en sangre.

remojo de legumbres, semillas y frutos secos

Si su dieta incluye una cantidad significativa de frutos secos crudos, mantequilla de frutos secos, legumbres y semillas sin germinar, debería plantearse remojarlos y secarlos antes de su consumo. Esta tendencia la inició Sally Fallon con su fantástico libro *Nourishing Traditions*. En su estado natural, las legumbres, las

semillas y los frutos secos contienen inhibidores enzimáticos que les impiden brotar cuando no hay suficiente humedad para germinar debidamente. Estos inhibidores pueden congestionar nuestro sistema digestivo y provocar dolores de estómago. Las legumbres en particular y, en menor medida, las semillas contienen ácido fítico, goitrógenos y taninos, antinutrientes e inhibidores de la absorción de minerales. Además, los frutos secos, las legumbres y las semillas remojados y secados saben mejor.

Al remojar los frutos secos, las legumbres y las semillas en agua con o sin sal, se neutralizan los inhibidores enzimáticos, se favorece la producción de enzimas y nutrientes beneficiosos, como la vitamina B, y se descomponen las proteínas más fácilmente, lo cual las hace más nutritivas. Si utiliza frutos secos recién remojados, no es necesario dejarlos secar, pero si desea conservarlos, deben secarse por completo para que no se estropeen. Si se secan a temperatura baja, se preservan los nutrientes. La sal favorece el proceso. Las legumbres que contienen más ácido fítico deben remojarse en una solución ácida. El trigo sarraceno contiene fitasas, lo cual significa que favorece la descomposición del ácido fítico por sí solo.

Para ello remoje los frutos secos en agua filtrada (puede añadir 1 cucharada de sal marina por cada 4 tazas de frutos secos) en un recipiente cubierto a temperatura ambiente durante 12 horas. Retire y enjuague los frutos secos y séquelos. Extiéndalos sobre un deshidratador de alimentos o una bandeja de horno. Métalos en el deshidratador o en el horno a 45 ºC de 12 a 24 horas o hasta que estén por completo secos. Deles la vuelta para que se sequen uniformemente. Puede guardarlos en un recipiente hermético a temperatura ambiente o en el congelador.

tiempos de remojo

Pipas peladas de calabaza, de sésamo y de girasol, garbanzos, alubias negras, frijol mungo, almendras, alubias adzuki, amaranto, arroz salvaje, pistachos y avellanas: de 8 a 12 horas.
Quinoa, nueces, mijo: 4 horas.
Cebada, kamut, lentejas, granos de trigo, trigo sarraceno, avena pelada, pacanas: de 6 a 7 horas.
Anacardos, nueces de Brasil y macadamia y piñones: de 2 a 6 horas.
Semillas de lino: 30 minutos.
Si tiene prisa, vierta agua hirviendo y espere 10 minutos. Con este método, no obstante, también destruirá parte de los nutrientes, además de los inhibidores enzimáticos.

sobras y excesos

Las ensaladas son una buena manera de consumir sobras; nos encanta la idea de obtener dos o tres comidas con un asado. La ternera sobrante puede convertirse en una Ensalada mexicana con ternera (pág. 88), el pollo desmigado usarse para una Ensalada inglesa a la antigua (pág. 67) y el jamón cocido puede servir para la Ensalada tibia de jamón ahumado y apio (pág. 73). Hacemos caldo con los huesos y hemos aprendido de nuestra amiga kuwaití Amal a cocinar las legumbres en caldo para darles más sabor. Como somos hortelanos novatos, todavía no hemos acertado a controlar los excesos de nuestra producción de verduras, de modo que nuestras ensaladas se han convertido en una buena manera de consumir la interminable cosecha de calabacines: véase la Ensalada de quinoa, calabacín y maíz (pág. 185).

aceite y vinagre

Existe multitud de variedades de aceites y vinagres en el mercado. Experimente con ellas. Debo admitir que yo me inclino siempre por el aceite de oliva virgen extra. Como un buen champán, lo mejora todo. En casa utilizamos un aceite de oliva virgen extra normal y corriente para cocinar y preparar vinagretas, y otro más caro, procedente de una finca única, para aliñar las ensaladas y los alimentos cocinados en el último momento para que se aprecie su sabor. El aceite de oliva varía enormemente de sabor y puede ser desde robusto y picante, como el de la Toscana, hasta sutil y herbáceo, como el de Liguria. Pasa lo mismo según diferentes zonas de España y Grecia, por lo que conviene ir probando. Algunas personas prefieren el aceite de colza, pero no es mi sabor favorito; puede usarlo para sustituir el aceite de oliva. Menos versátiles pero igualmente buenos son los aceites de nuez, avellana, aguacate y argán; con ellos se preparan maravillosos aliños y ofrecen un agradable sabor a fruto seco.

No compramos aceites con sabores de naranja, albahaca o limón; en vez de adquirirlos, preferimos añadir las hojas de albahaca o la raspadura de limón al aceite de oliva y dejar que macere toda la noche. Es igual de bueno y más barato.

Utilizamos aceite de sésamo (no tostado), de cacahuete y de semillas de uva para los platos asiáticos. Tienen poco sabor o incluso ninguno, pero se emplean para cocinar o impregnar las hojas y otros ingredientes en los aliños.

Un espray rellenable resulta especialmente útil para rociar con aceite los alimentos que se van a asar al horno.

Los vinagres varían enormemente de acidez. Nuestro consejo es que pruebe un sorbito antes de utilizarlo. Si se atraganta, sabrá que debe usarlo con cautela. Si su sabor es equilibrado y dulce, como los vinagres japoneses, sabrá que puede ser generoso a la hora de usarlo. Los vinagres de vino se presentan en una amplia variedad y, por lo general, su precio indica su calidad. Los que llevan nombre de variedades de uva, como sauvignon o champagne, pueden ser interesantes; pero incluso es mejor el vinagre casero. El vinagre de jerez aporta una nota rancia y estimulante a la vinagreta, y se emplea con frecuencia en la cocina española.

facilitarse la vida

¿qué se puede dejar preparado?

Si preparar una ensalada resulta fácil, acabará comiendo más. Al elaborar un aliño, doble la cantidad para tener una dosis adicional en el frigorífico: el aliño de soja y jengibre y el de mostaza y miel (pág. 18 y 19) se conservan bien y convierten un bol de verduras en una comida formidable. No se preocupe si el aceite de oliva se solidifica con el frío, déjelo a temperatura ambiente antes de servirlo o sumerja el recipiente en agua caliente para licuarlo.

Muchas de las ensaladas pueden prepararse con antelación. El Cerdo hula (pág. 74) es un buen plato para cuando tenga invitados, igual que la Paletilla de cordero con costra de dátiles (pág. 68), y permiten preparar los acompañamientos como la Ensalada de arroz, piña y anacardos (pág. 74) o los Pimientos asados (pág. 74), y el Guacamole (pág. 182) o el Tabulé (pág. 68) con la Ensalada de remolacha, naranja, almendras y eneldo (pág. 176) como guarnición.

cortar, trocear: qué se necesita

La estilista culinaria del presente libro, Susie Theodorou, dio vida a nuestras ensaladas. Yo creía que sabía cortar y trocear hortalizas, pero no fue hasta que ella preparó las ensaladas para fotografiarlas cuando me di cuenta de las nuevas posibilidades a la hora de cortar los ingredientes. Los ángulos y puntas en los bastoncitos de manzana, los velos transparentes del apionabo y el rábano cuando se cortan con una mandolina, las hortalizas enteras o los granos de pimienta machacados en el mortero proporcionaron un aspecto atractivo y fresco a nuestras ensaladas.

Si tuviera que elegir tres accesorios, serían un cuchillo afilado, un rallador y un pelador. Lo ideal es afilar el cuchillo tras cortar cada cebolla: saque el cuchillo y el afilador al mismo tiempo. Los ralladores Microplane son afilados y eficaces, pero todos van perdiendo filo, así que lo mejor es admitirlo cuando ocurre, no pelearse con un rallador poco afilado y sustituirlo por otro. El pelador de patatas sirve para cortar láminas finas además de pelar.

Mis accesorios favoritos siguientes son un cuchillo para los tomates, serrado y perfecto para estos frutos de piel fina, y un rallador para juliana: el nuestro es de Vietnam y corta en un momento zanahorias y calabacines en tiras largas y finas. También me gusta el exprimidor de limas; no es imprescindible y, con 10 segundos de microondas, un exprimidor de limones es igual de útil, pero si va a exprimir muchas limas, es genial. Las mandolinas precisan cautela a la hora de manejarlas pero son inmejorables para las rodajas grandes y finas.

Rompa los tallos duros y rasgue con las manos las hierbas y lechugas cuando sea posible, a menos que la receta requiera un corte fino. Tardarán más en oscurecer y conservarán su encanto rústico.

¿Pelar o no pelar la zanahoria? Es una decisión difícil. Muchos de los nutrientes de la planta se hallan justamente bajo la piel, así que, al pelarla, se pierde nutrición. No obstante, la suciedad y los pesticidas se concentran en esta capa externa de las hortalizas, por lo que al pelarlas uno elimina las sustancias químicas. Opte por cultivar sus productos o comprarlos ecológicos.

cómo preparar la ensalada perfecta

Hemos diseñado una sencilla serie de preguntas que los alumnos de nuestra escuela de cocina deben formularse al preparar un plato, en este caso, una ensalada. Al cabo de un tiempo, estas directrices se interiorizan y uno crea unas bellas e interesantes ensaladas para el disfrute de todos.

- ¿Juego con texturas variadas? ¿Incluyo algo blando, consistente, crujiente, húmedo y seco?
- ¿Necesito un poco de color? ¿Bayas, zanahoria rallada, tomate o flores comestibles?
- ¿Falta algo cremoso, como un poco de yogur griego o crema agria? (Esto también llena más y ayuda a coger la ensalada con el tenedor.)
- ¿Hay equilibrio entre lo dulce y lo ácido? ¿La vinagreta es demasiado dulce o ácida? Pruébela, le sorprendería la cantidad de gente que no prueba los platos que está preparando. El limón sirve para esconder un exceso de sal o azúcar. Las alternativas al azúcar, como el sirope de arce, equilibran la acidez.
- ¿Se aprecian todos los sabores o predomina uno? Combine sabores fuertes con fuertes y sutiles con sutiles. Combine los ingredientes con el aliño. El marisco puede no combinar bien con demasiadas especias o ajo. La kale predominará sobre una vinagreta suave.
- ¿Hace falta un poco de mostaza, ajo o chile para animar la ensalada un día frío o para dar vida a unas alubias neutras?
- ¿Se beneficiaría la ensalada de un puñadito de hierbas, como menta, perejil o cilantro?
- Si la ensalada es el plato principal, ¿debe contener proteínas, hidratos de carbono y grasas para incluir todos los grupos de alimentos?
- Condimento, condimento, condimento. Salpimiente los elementos cocinados del plato, las hojas y la vinagreta. Si lo hace al gusto no se excederá. Utilice sal marina, fina o gruesa, y use siempre un molinillo o el mortero para moler la pimienta; no la compre molida, ya que habrá perdido su sabor.
- ¿Está bien aliñada la ensalada o lo más rico está arriba? Monte la ensalada en capas: ingredientes, aliño, algo crujiente, como semillas o picatostes, ingredientes que aporten consistencia, como virutas de queso, chile o encurtidos, seguidos de otra capa de hojas, etcétera. Así, el último comensal no se quedará con un triste montón de hojas verdes sin aliñar.
- Finalmente, ¿qué aspecto tiene? No me imagino una ensalada rica que no mejore con un poco de pimienta negra recién molida.

servir la ensalada

- Un cuenco grande es imprescindible para mezclar la ensalada.

- Aliñe la ensalada en el último momento o se pondrá mustia. Hágalo con las manos, impregnando las hojas ligeramente, en lugar de inundarlas. El aliño sobrante puede servirse aparte. En un bufé sirva el aliño en una jarrita para que los invitados se lo vayan sirviendo, las hojas durarán más.

- Utilice unas pinzas para servir, se pueden manejar con una mano mientras se sostiene el plato en la otra. Nosotros hemos acumulado una colección de pinzas: pequeñas y verdes de plástico, grandes de metal, de bambú y de madera. Creo que son más prácticas que los tradicionales cuchara y tenedor para servir.

- Las ensaladas individuales son bonitas y pueden dejarse preparadas en cuencos, vasos anchos o incluso tazas de té antiguas. No los llene demasiado para que los comensales puedan mezclar la ensalada con la vinagreta, que puede servir en vasos de chupito.

- Los ingredientes no tienen por qué estar mezclados. Siempre me acuerdo de la ensalada que tomaba un hombre en Italia. Disponía montoncitos separados de anchoas, aceitunas, mozzarella, tomate y pepino. Le gustaban todos los ingredientes, pero no mezclados, y los iba comiendo según le apetecía, formando diferentes combinaciones de sabores con cada bocado. Son adecuados para servirlos así el Bol poke (pág. 117) o las ensaladas japonesas, como la Ensalada japonesa de salmón (pág. 105, 108–111), tradicionalmente servidas en cajas bento.

- Para transportar una ensalada lleve el aliño por separado o colóquelo en el fondo del tarro: véase la página 142.

aliños

Todos los aderezos pueden elaborarse y mezclarse (si es necesario) en un tarro con tapa de rosca: así se pueden conservar en el frigorífico en el mismo recipiente sin necesidad de taparlos.

aliño de tahina y limón

Este aderezo de intenso sabor a frutos secos posee la consistencia de la mayonesa y es ideal para servirlo sobre ensaladas con verduras asadas, si se utiliza la idea de la ensalada en un tarro (pág. 142), o con falafel (pág. 146) o Shawarma de pollo (pág. 79). O bien sencillamente viértala sobre unas rodajas de berenjena al horno, con cilantro fresco por encima.

salen 100 ml / 6 raciones

3 cucharadas de tahina
3 cucharadas de aceite de oliva virgen extra
1 diente de ajo mediano, rallado
2 cucharadas de zumo de limón, y más al gusto
¼ a ½ cucharadita de raspadura de limón, al gusto
sal y pimienta negra recién molida

Mezcle los ingredientes con 2 cucharadas de agua fría en un bol o un tarro pequeño. Condiméntelo al gusto con más zumo de limón, sal y pimienta si es necesario. Utilícelo al momento o guárdelo en el frigorífico hasta 3 días.

Véase también el Aliño de sésamo (pág. 149).

salsa coreana de yogur y sésamo

Este sabroso aderezo es ligero y cremoso y combina de maravilla con ensaladas mixtas o verdes o fideos de arroz fríos. Esta receta me la dio una señora coreana en un salón de manicura de Nueva Jersey; me dijo que le encantaba porque el yogur le daba una ligereza que no tienen las vinagretas con mucho aceite. Me indicó que hay que hacerla con las semillas de sésamo tostadas y molidas, que son típicas de los aliños coreanos y ayudan a emulsionar la salsa.

salen 150 ml / 6–8 raciones

4 cucharadas de semillas de sésamo, tostadas y molidas
6 cucharadas de yogur natural
2 cucharadas de aceite de oliva virgen extra
1 cucharadita de aceite de sésamo tostado
2 cucharaditas de vinagre de arroz o vino blanco
2 cucharaditas de zumo de limón, y más al gusto
2 cucharaditas de miel cruda suave, y más al gusto
sal

Mezcle los ingredientes en un bol o una jarrita pequeña con 3 cucharadas de agua. Condiméntelo al gusto con más zumo de limón, miel y sal. Utilícelo al momento o guárdelo en el frigorífico hasta 5 días.

aliño de soja y jengibre

Este es nuestro aderezo asiático de referencia y resulta ideal para ensaladas, langostinos, salmón o pollo. Como los chiles siempre aparecen en las ensaladas asiáticas, la receta no los incluye, pero puede añadirle un poco de chile picado fino si prefiere darle más gancho al aliño.

salen 150 ml / 8–10 raciones

2 cucharadas de aceite sin sabor, como el de semilla de uva, cacahuete u oliva
4 cucharadas de zumo de lima o vinagre de arroz
3 cucharadas de salsa tamari o de soja
1–2 cucharadas de miel cruda suave, al gusto
2 cucharaditas de raíz fresca de jengibre rallada
1 cucharadita de aceite de sésamo tostado
1 diente de ajo, rallado fino
sal

Mezcle los ingredientes en un bol o una jarrita pequeña y salpimiéntelos al gusto. El aliño se conserva en un tarro con tapa dentro del frigorífico hasta 3 días.

Para variar, añada 1 cucharada de mantequilla de cacahuete con o sin tropezones.

Véanse también otros aliños asiáticos:
Aliño vietnamita (pág. 81)
Aliño de wasabi (pág. 117)
Aliño de cebollino chino y salsa doubanjiang (pág. 149)

salsa vietnamita nuoc cham

Esta receta nos la enseñó el enérgico chef Duc Tran, que imparte cursos de cocina y dirige el restaurante Mango Rooms con su esposa en Hoi An, Vietnam. Duc nos dijo que esta versátil salsa se utiliza para dips o ensaladas, o con pescado a la parrilla. Nos mostró cómo mezclarla con cilantro, para crear una variante, y servirla sobre calamares a la plancha o vieiras en su concha. Utilice salsa de pescado vietnamita si es posible, ya que resulta más suave que la tailandesa, nam pla. Si prefiere no añadirla, eche una pizca de sal en su lugar.

salen 80 ml / 6–8 raciones

2 cucharadas de zumo de lima (en Vietnam, utilizan limones verdes pequeños o kumquats verdes)
2 cucharadas de vinagre de arroz
2 cucharaditas de salsa de pescado vietnamita
2 cucharaditas de miel cruda suave
1 diente de ajo pequeño, picado fino
1 chile verde o rojo, picado fino

Ponga los ingredientes en un bol o una jarrita pequeña y mézclelos bien. Rectifique el gusto con un poco más de salsa de pescado (o sal), azúcar o chile.

El aliño se conserva en un tarro con tapa dentro del frigorífico hasta una semana.

ponzu

La salsa ponzu es conocida como salsa para mojar el Shabu Shabu, el plato japonés de ternera. Sin embargo, es muy versátil y combina de manera genial con atún marcado a la plancha, filete a la parrilla, rodajas de berenjena asada y ensaladas verdes o mixtas, y lo hace especialmente bien con el aguacate.

Lo típico es elaborarla con zumo de yuzu, un cítrico japonés de sabor agrio parecido al pomelo, que le aporta un toque especial. Esta fruta es prácticamente imposible de encontrar en Europa, pero sí se halla en forma de zumo en tiendas especializadas, algunos supermercados y por internet. Elija un zumo puro, no un aliño a base de yuzu, que contiene otros sabores añadidos. Si no le es posible conseguirlo, utilice una mezcla de zumo de limón, lima y pomelo.

Esta receta es de Atsuko, que imparte clases de cocina japonesa en Londres. Está casada con un italiano y sabe cocinar platos japoneses para europeos. Ha simplificado esta receta de ponzu para que resulte fácil prepararla y disfrutarla en casa.

salen 150 ml / 8–10 raciones

3 cucharadas de vinagre de arroz
3 cucharadas de salsa de soja ligera
3 cucharadas de mirin o vino blanco dulce
½ cucharadita de sal
½ a 1 cucharadita de miel cruda suave
2 cucharadas de zumo de yuzu o una mezcla de zumo de limón, lima y pomelo

Mezcle los ingredientes en un bol, removiéndolos bien para que se disuelva la miel. Añada zumo de yuzu, sal y miel al gusto. Puede conservarlo en el frigorífico hasta 3 días.

vinagreta de mostaza y miel

Esta apetitosa y cremosa vinagreta posee la intensidad de las mostazas francesa e inglesa. Está deliciosa mezclada con patatas nuevas calientes y perejil, sobre hortalizas calientes, en ensaladas verdes o ensaladas de pollo o jamón.

salen 150 ml / 10–12 raciones

2 cucharadas de mostaza de Dijon cremosa o en grano
2 cucharaditas de mostaza inglesa
2 cucharaditas de miel cruda suave o jarabe de arce, y más al gusto
2 cucharadas de zumo de limón, o vinagre de vino o de sidra
8 cucharadas de aceite de oliva virgen extra
sal y pimienta negra recién molida

Mezcle las mostazas, la miel o el jarabe y el zumo de limón o el vinagre con un poco de sal y pimienta. Poco a poco, añada el aceite y siga removiéndola hasta que la vinagreta emulsione. Añada más miel o jarabe al gusto. Utilícela al momento o guárdela en el frigorífico hasta 2 semanas. Déjela templar a temperatura ambiente antes de usarla.

Véase también el Aliño de limón (pág. 97).

vinagreta clásica

Estoy convencida de que este aliño es el que me enganchó a la cocina de pequeña. Mi madre me pedía que lo probase y le dijese si precisaba más acidez o dulzor. Entrenó mi joven paladar y me dio confianza al contar con mi opinión. Pruebe siempre el aliño antes de servirlo, varía según la potencia del vinagre y las propias papilas gustativas.

6-8 raciones / salen 100 ml

2 cucharadas de vinagre de vino tinto
8 cucharadas de aceite de oliva virgen extra, y más al gusto
1-2 cucharaditas de miel cruda suave o jarabe de arce, al gusto
2 cucharaditas de mostaza de Dijon
1 diente de ajo mediano, picado fino
sal y pimienta negra recién molida

Ponga los ingredientes en un tarro con tapa y agítela. Pruebe el sabor y añada más aceite y miel o jarabe, si es necesario.

Se conserva en el frigorífico hasta una semana. Sáquela del frigorífico 30 minutos antes de su uso y agítela antes de servir.

Variaciones

Balsámica Utilice un vinagre balsámico de calidad en lugar del vinagre de vino tinto.

Con vinagre de malta Muy popular en Australia, le da un toque a malta.

A las hierbas Añada 2 cucharadas de hierbas picadas finas como albahaca, cilantro, cebollino o perejil.

Frutos secos Sustituya la mitad del aceite de oliva por aceite de nueces o de avellanas.

Cremosa Use la mitad de aceite y compense el resto con crème fraîche o nata doble.

Afrutada Utilice un vinagre con sabor a fruta, como frambuesa o mora, pero pruebe la vinagreta antes de añadir la miel o el jarabe, ya que estos vinagres suelen ser dulces.

Véanse también aliños similares:

Vinagreta de menta (pág. 25)
Aliño de miel (pág. 42)
Vinagreta de beicon (pág. 45)
Aliño de limón (pág. 52)
Aderezo de tabulé (pág. 69)
Aliño de naranja (pág. 125)
Aliño al vino tinto (pág. 134)
Vinagreta de dátiles (pág. 138)
Vinagreta agridulce de cebolla (pág. 139)
Aliño de melaza de granada (pág. 161)
Vinagreta de balsámico, salvia y romero (pág. 187)

aliño para ensalada César

Para elaborarlo, seguimos la sugerencia de emplear ajo asado para conseguir un sabor agradable y suave. Le sobrará ajo asado pero el resto puede añadirlo a otros aliños o untarlo en tostadas. La hemos probado con ajo ahumado y el resultado también es exquisito.

salen 220 ml / 8–10 raciones

1 cabeza de ajos entera
2 cucharadas de aceite de oliva
1 diente de ajo, troceado
1 cucharadita de zumo de limón, y más al gusto
4 filetes de anchoa en aceite, escurridos, y más al gusto
1 ración de Mayonesa con mostaza de Dijon (véase derecha)
pimienta negra recién molida

Precaliente el horno a 180 °C / potencia 4 de gas. Corte 5 mm de la base de la cabeza de ajos y deséchela. Con la parte del corte arriba, ponga la cabeza de ajos sobre un cuadrado de papel de aluminio. Rocíela con el aceite, añada unas gotas de agua y cierre las esquinas del papel de modo que el ajo quede dentro holgadamente para cocerse al vapor. Colóquelo en una bandeja del horno y áselo de 45 minutos a 1 hora o hasta que el ajo esté blando al tacto. Sáquelo y déjelo templar dentro del aluminio.

Presione la cabeza asada para que salgan 3 dientes de ajo de tamaño mediano y cháfelos con la parte plana de un cuchillo junto con el diente de ajo crudo, el zumo de limón, las anchoas y un poco de pimienta.

Mezcle el resultado con la mayonesa y añada más ajo asado, zumo de limón y anchoas a su gusto.

Pase el aliño a un recipiente hermético y consérvelo en el frigorífico hasta 7 días.

mayonesa

Esta es la receta del chef Stefano Borella. Stefano es el profesor más destacado de nuestra escuela de cocina. El zumo de limón y el vinagre funcionan igual de bien, pero le aportan gustos algo diferentes. La mostaza y el ajo se añaden solo por una cuestión de sabor. Resulta divertido experimentar para conseguir la mayonesa ideal. Lo mismo ocurre con los aceites; nosotros preferimos uno de sabor neutro, como el de cacahuete o semilla de uva, en lugar del de colza u oliva, pero una pequeña cantidad de aceite de oliva virgen extra añadida al final puede marcar una sutil diferencia.

Nuestra combinación favorita es aceite de cacahuete con aceite de oliva virgen extra, vinagre de vino blanco, mostaza de Dijon y sin ajo.

salen 220 ml / 8–10 raciones

3 yemas de huevos camperos
½ cucharadita de sal fina
2 cucharadas de vinagre de vino blanco o zumo de limón, y más al gusto
150 ml de aceite de cacahuete o uno de semillas de sabor neutro, o 125 ml de aceite de frutos secos o semillas y 25 ml de aceite de oliva virgen extra
2 cucharaditas de mostaza inglesa o Dijon (opcional)
1 diente de ajo, picado fino (opcional)

Si hace la mayonesa a mano, coloque un paño húmedo bajo el bol y utilice una batidora de mano (varilla). Si no, utilice una batidora eléctrica: nosotros utilizamos una con una varilla.

Ponga las yemas, la sal y el vinagre o zumo de limón en el bol, y bátalo hasta que quede una mezcla suave. Añada un hilillo de aceite poco a poco, sin dejar de batir la mayonesa, hasta que se espese y haya incorporado todo el aceite.

Agregue la mostaza y el ajo, si va a usarlos, y siga batiendo la mayonesa. Pruébela y añada más zumo de limón o vinagre y sal, si es necesario. Ajuste la densidad batiéndola con unas gotas de agua caliente si la mayonesa es demasiado espesa. Utilícela al momento o guárdela en un recipiente hermético dentro del frigorífico hasta 7 días.

Variaciones

Mayonesa chipotle Mezcle 100 ml de mayonesa con 50 ml de crema agria, 1 cucharadita de pasta o polvo de chile chipotle ahumado y 1 cucharada de zumo de lima.

Mayonesa de limón Utilice limón en vez de vinagre y añada un poco de raspadura de limón al gusto.

Alioli Añada 2 dientes de ajo chafados al final de la mezcla, remuévalo y déjelo reposar unas horas para que tome el sabor.

Mayonesa de azafrán Prepare una infusión de hebras de azafrán en una cucharada de agua muy caliente durante unos minutos hasta que se enfríe, y añada el líquido y las hebras al terminar de batir la mayonesa.

Véanse también otros aliños cremosos:

Crema de eneldo (pág. 28)
Crema de limón dulce (pág. 32)
Aliño de fresa, albahaca y anacardos (pág. 48)
Crema de chipotle (pág. 77)
Crema de limón (pág. 79)
Tzatziki (pág. 92)
Aliño de berros (pág. 98)
Aliño de coco y lima (pág. 158)
Aliño de suero de leche (pág. 179)
Aliño de yogur (pág. 180)

Otros aliños:

Aliño de mermelada y jengibre (pág. 73)
Salsa harissa (pág. 80)
Aliño de tomate asado (pág. 122)
Aderezo de lima picante (pág. 167)

1

ensaladas para comenzar el día

ensalada de sandía y feta con vinagreta de menta

ensalada de pescado blanco ahumado

ensalada de guisante mollar y tortitas de guisante con caballa

ensalada de espinacas, beicon, aguacate y tomate con huevos escalfados

ensalada sueca de pepino

ensalada de melocotón con azafrán y menta con tortitas de plátano y crema de limón

macedonia con jengibre y cúrcuma con nata de coco

ensalada de muesli con bayas

ensalada de sandía y feta con vinagreta de menta

4–6 raciones

Esta es una receta de nuestro amigo el chef egipcio Mustafa el Refaey. Nos encanta la combinación del queso feta con la dulce sandía, pero Mustafa la mejora con esta exquisita vinagreta de menta. Resulta un refrescante desayuno o entrante, o un postre ligero.

para la vinagreta
8 g de hojas de menta (sin tallos)
2 cucharadas de vinagre de vino blanco
60 ml de aceite de oliva virgen extra
1 cucharadita de miel cruda suave
sal y pimienta negra recién molida

para la ensalada
500 g de pulpa de sandía, sin semillas y en dados de 3 cm
200 g de queso feta, en rectángulos desiguales de 1 x 3 cm
150 g de pepino, pelado y en dados de 1 cm
unas hojitas de menta, para decorar

SG V

Triture los ingredientes de la vinagreta: quedarán unos trocitos verdes. Mezcle la sandía, el queso y el pepino con el aliño. Consúmala inmediatamente o consérvela en el frigorífico hasta 4 horas. Sírvala en copas o cuencos fríos y decorada con las hojas de menta.

ensalada de pescado blanco ahumado

4 raciones

En Nueva York existe una larga tradición de consumo de una exquisitez judía denominada *whitefish* (literalmente, «pescado blanco»). Russ & Daughters, un establecimiento con más de cien años de historia, es conocido por esta especialidad, y en el más nuevo Mile End Deli se sirve una ensalada de pescado blanco, en la cual se inspiró esta receta.

Nos gusta con huevos escalfados sobre tostadas de masa fermentada o bagels de centeno para el desayuno del fin de semana. La Mayonesa casera o la Mayonesa de limón (pág. 21), si se sirve junto al plato, ayuda a la ensalada a no caerse de la tostada.

250 g de emperador, bacalao u otro pescado blanco ahumado
2 ramas de apio, cortadas en diagonal y con las hojas troceadas
2 cebolletas, cortadas finas en diagonal
un puñadito de perejil de hoja lisa o rizada
un poco de eneldo
zumo de ½ limón
2 cucharadas de aceite de oliva virgen extra
sal y pimienta negra recién molida

para servir (opcional)
Mayonesa casera (pág. 21)
huevos escalfados
tostadas o bagels con mantequilla

SL SG

Escalfe el pescado en agua hirviendo hasta que quede cocido. Según el grosor, tardará entre 5 y 10 minutos. Retire las espinas y la piel del pescado. Escúrralo y déjelo enfriar.

Desmigue el pescado en un plato grande. Eche por encima el apio con las hojas y la cebolleta. Trocee las hojas de perejil sobre la ensalada. Esparza por encima unas hojitas de eneldo. Mezcle el zumo de limón, el aceite, la sal y la pimienta en un bol pequeño y viértalo uniformemente por encima de la ensalada.

Sirva tal cual (para una opción sin gluten y sin lácteos) o con mayonesa, huevos escalfados y tostadas o bagels con mantequilla.

ensalada de guisante mollar y tortitas de guisante con caballa

4-6 raciones

Las tortitas verdes de esta receta, parecidas a los blinis, se amontonan con cuidado en una tabla y los comensales van alargando la mano para alcanzarlas. Las untamos con crema de eneldo y las acompañamos con caballa, salmón o trucha ahumados. Es un desayuno ideal para el fin de semana o un almuerzo ligero complementado con la ensalada.

La crema de eneldo necesita tiempo para adquirir consistencia, por lo que es aconsejable prepararla unas horas antes, al menos 3, y una vez lista, se conserva hasta 4 días en el frigorífico. Los Pepinos encurtidos de Reiko (pág. 110) son otra opción como acompañamiento.

para la crema de eneldo

200 ml de crème fraîche
3 cucharadas colmadas de eneldo picado
1-2 cucharaditas de miel cruda suave
1 cucharadita de mostaza de Dijon
1 cucharada de zumo de limón
sal y pimienta negra recién molida

para las tortitas

300 g de guisantes frescos o congelados
un puñadito de hojas de menta
3 cebolletas, troceadas
50 g de harina de trigo sarraceno o blanca
2 huevos
3-4 cucharadas de aceite de cacahuete o de semilla de uva
1-2 cucharadas de leche de almendras o de vaca (opcional)

para la ensalada

200 g de guisante mollar, tirabeques o judías verdes
3 cebolletas, cortadas en tiras de 3 cm en diagonal
200 g de calabacín mini, cortado en láminas finas
2 lechugas tipo cogollo
un puñado de rábanos, en rodajas finas
un puñadito de eneldo, troceado
un puñado de hojas de menta
4 cucharadas de aceite de oliva virgen extra
1 cucharada de zumo de limón

para el pescado

3 caballas ahumadas con pimiento o 200 g de salmón o trucha ahumados

SG Si utiliza harina de trigo sarraceno para las tortitas.

Prepare la crema de eneldo mezclando los ingredientes; pruebe y rectifique la sal y la pimienta. Resérvela en un bol en el frigorífico.

Para elaborar las tortitas, cocine los guisantes hasta que queden un poco tiernos. Tardará 3-4 minutos si son congelados o 15 si son frescos. Escúrralos y páselos a un cuenco con agua helada para que se enfríen. Ya fríos, escúrralos de nuevo y páselos al vaso de la trituradora con el resto de los ingredientes, excepto la leche. Triture y añada 1-2 cucharadas de leche, si es necesario, hasta obtener una masa algo densa. Reserve la crema mientras prepara la ensalada.

Hierva los guisantes mollares hasta que queden un poco tiernos, unos 3 minutos. Escúrralos y páselos a un cuenco con agua helada para que se enfríen, mantengan el color y se detenga la cocción. Mezcle el resto de los ingredientes para la ensalada en un bol, salpiméntela al gusto y resérvela.

Para hacer las tortitas, caliente un poco de aceite en una sartén grande antiadherente. Eche una cucharada de masa y deje que se esparza un poco. Las tortitas pueden ser pequeñas como los blinis o más grandes, a su gusto. Fríalas un par de minutos por cada lado, dándoles la vuelta a media cocción. Deberían tostarse por ambos lados y quedar cocidas por dentro. Pruebe la primera para valorar el sazón antes de seguir con el resto. Repita la operación hasta usar toda la masa y obtener unas 20 tortitas del tamaño de los blinis. Puede servirlas a temperatura ambiente o mantenerlas calientes en el horno (a unos 50 °C).

Ahora monte la ensalada en una bandeja grande o tabla de madera con las tortitas, el bol de crema de eneldo y el pescado algo desmigado y amontonado.

variación

Para hacer un plato vegetariano, utilice 200 g de queso feta desmigado en lugar del pescado.

ensalada de espinacas, beicon, aguacate y tomate con huevos escalfados

4 raciones

El seductor aroma de las lonchas de beicon friéndose es el mejor despertador para nuestros hijos adolescentes. Este es un desayuno nutritivo y saciante que nos prepara para afrontar la jornada. En otro momento del día, para almorzar o cenar, lo sirvo con chorizo en vez de beicon; encuentro que su sabor es demasiado picante para el desayuno. Si dispone de un buen aceite de aguacate, esta es la receta ideal para utilizarlo.

6 lonchas de beicon, troceadas, o 1 chorizo troceado
1 aguacate Hass grande, en láminas
un buen puñado de hojas de espinaca o de remolacha, o berros
150 g de tomates tipo cherry o medianos, cortados en cuartos
un buen chorro de zumo de limón
2 cucharadas de aceite de aguacate o aceite de oliva virgen extra
4 huevos
sal y pimienta fresca recién molida
4 rebanadas de pan tostado, para servir (opcional)

SL SG Si se sirve sin tostadas.

Cocine el beicon o el chorizo en una sartén pequeña hasta que quede algo crujiente. Resérvelo sobre papel de cocina. Ponga en un cuenco el aguacate, las hojas, los tomates, el zumo de limón, el aceite, la sal y la pimienta. Mézclelo todo.

Para escalfar los huevos, lleve una olla mediana llena de agua a ebullición. Rompa un huevo dentro de una taza. Forme un remolino en la olla y remuévalo con un tenedor. Vierta poco a poco el huevo. Mantenga el fuego fuerte pero no tanto que la espuma salga de la olla. Retire las tiras de clara que queden sueltas. Hierva el huevo 3 minutos o hasta que quede opaco. Sáquelo con una espumadera y déjelo escurrir sobre papel de cocina. Repita la operación con los demás huevos.

Sirva los huevos, sobre tostadas si lo desea, con la ensalada.

ensalada sueca de pepino

6-8 raciones

En esta receta, como los pepinos están cortados finos, el efecto es parecido al de una salmuera pero la preparación es más rápida, y la ensalada ofrece un sabor fresco y crujiente. Es ideal para servirla con salmón ahumado o en salazón, con la Ensalada rosa de remolacha y manzana (pág. 153) o la Ensalada de guisante mollar y tortitas de guisante con caballa (pág. 28). Esta receta es más apropiada con pepinos pequeños, con menos semillas, si los encuentra.

4 pepinos pequeños o uno grande
1 cucharadita de sal
1 chalota, laminada fina
1 cucharada de eneldo, picado fino
1 cucharada de perejil de hoja lisa o rizada, picado fino
2 cucharadas de vinagre de sidra
1 cucharada de miel cruda suave

SL SG V

Corte parte de la piel del pepino a lo largo para crear rayas gruesas o finas. Esto puede hacerse con una herramienta especial o con un pelador de verduras. Corte los pepinos por la mitad a lo largo y saque las semillas con una cucharita. A continuación, corte sobre una tabla las mitades del pepino a rodajas de unos 2 mm. Mézclelas en un cuenco con la sal y luego páselas a un escurridor durante 30 minutos.

Presione suavemente los trozos de pepino en el escurridor con una cuchara grande para que suelten toda el agua sobrante. Mézclelos con el resto de ingredientes en un bol. Pruebe la sal y rectifíquela. Remueva la ensalada y sírvala al momento o consérvela hasta 3 días dentro del frigorífico en un recipiente tapado.

ensalada de melocotón al azafrán con tortitas de plátano y crema de limón

6 raciones

Estos melocotones perfumados son otra gran receta de Mustafa, nuestro amigo chef de El Cairo. Son especialmente buenos rociados con agua de rosas. Si desea una receta más saludable, omita el azúcar y la mantequilla de los melocotones; estos se tuestan bien bajo el gratinador, aunque pueden quedar algo más secos. Como el azafrán tiene un sabor al que hay que estar acostumbrado, normalmente preparo unos cuantos melocotones solo con mantequilla y otros con azafrán.

Nos encanta desayunar esta receta el fin de semana con un café, pero los melocotones están igual de buenos sin las tortitas como postre.

para la granola

Utilice los ingredientes para el relleno de los Higos y albaricoques asados (pág. 202)

para la crema de limón

200 ml de crème fraîche
raspadura fresca de ½ limón
1 cucharadita de zumo de limón
1 cucharadita de miel cruda suave o azúcar glas, y más al gusto

para las tortitas

2 plátanos maduros
3 huevos
50 g de copos de avena
2 cucharadas de semillas de lino
1 vaina de vainilla, solo las semillas, o ½ cucharadita de extracto de vainilla
2 cucharadas de aceite de cacahuete o aceite en espray, para freír

para los melocotones

6 melocotones
15 g de mantequilla, derretida
½ cucharadita de hebras de azafrán (opcional)
1 cucharada de miel cruda suave

para servir

miel cruda suave
agua de rosas
hojas de menta

SL SG V

Precaliente el horno a 130 °C / potencia 1 de gas, y forre una bandeja con papel vegetal.

Para elaborar la granola, triture los dátiles, las pasas, la manzana deshidratada, el extracto de vainilla, la canela y los frutos secos hasta obtener una pasta gruesa. Fuera de la trituradora, mezcle la pasta con las pipas peladas de calabaza. Forme con las manos una bola con la pasta y luego desmíguela y extienda las migas sobre la bandeja. Hornéela 15–20 minutos o hasta que quede firme, seca y crujiente. Déjela templar y consérvela en un recipiente hermético hasta 5 días.

Mientras, mezcle los ingredientes para la crema de limón, pruebe el resultado y añada más miel o azúcar si es necesario. Pase la crema a un bol y resérvela en el frigorífico hasta que vaya a utilizarla. Se conserva hasta 3 días.

Para hacer las tortitas, triture los ingredientes en una batidora hasta conseguir una textura suave. Caliente un poco de aceite en una sartén grande antiadherente. Eche una cucharada de masa y espárzala un poco con una espátula, hasta que alcance unos 10 cm. Puede cocer 2–3 tortitas a la vez, según el tamaño de la sartén. Una vez cocidas y consistentes por un lado, deles la vuelta con la espátula. Siga cocinándolas hasta que queden tostadas por ambos lados y cocidas por dentro. Consérvelas en el horno aún caliente mientras acaba de hacerlas: obtendrá unas 16–18 tortitas.

Precaliente el gratinador. Corte los melocotones por la mitad y retire el hueso con la mano o un cuchillo afilado. Úntelos con la mantequilla, mezclada con el azafrán, si va a usarlo, y rocíelos con la miel. Áselos unos 15 minutos hasta que empiecen a dorarse.

Para servir la ensalada, desmigue la granola sobre los melocotones y dispóngalos sobre las tortitas de plátano, con una cucharada de crema de limón, un poco de miel, unas gotas de agua de rosas, si lo desea, y unas hojas de menta.

macedonia con jengibre y cúrcuma y nata de coco

4 raciones

Esta receta está basada en la de nuestra amiga Sally Dorling para una saludable macedonia como desayuno o postre. Ella la sirve con yogur de jengibre, una combinación exquisita y acertada. Nuestro toque es la cúrcuma, que le aporta un tono anaranjado, además de innumerables beneficios potenciales para la salud. La cúrcuma está indicada para cualquier tipo de inflamación, y el jengibre calma el estómago. También nos encanta con la crema de coco, que reduce la subida de insulina en el azúcar en sangre que normalmente se produce al comer fruta.

para la nata de coco

400 ml de nata de coco en lata

2 cucharaditas de miel cruda suave o jarabe de arce (opción vegana), y más al gusto

1 cucharadita de extracto de vainilla

para la macedonia

500 g de fruta, como melón, mango, piña, lichis, uvas, manzanas

2 cucharaditas de cúrcuma fresca rallada o 1 cucharadita de cúrcuma seca en polvo

2 cucharaditas de raíz de jengibre fresca rallada

zumo de 1 naranja

SL SG V Ve Si se utiliza jarabe de arce.

Ponga la lata de leche de coco en el frigorífico durante al menos 3 horas para que se endurezca. Con una cuchara, saque la crema sólida (130–150 g) de la parte superior y pásela a un bol. Reserve el resto del líquido para otro uso, como por ejemplo un batido (yo se la echo al café). Utilice una batidora de mano o eléctrica para montar la nata. Añada la miel o el jarabe de arce y el extracto de vainilla al gusto. Puede conservarla en un recipiente hermético con tapa dentro del frigorífico hasta 3 días.

Pele y corte las frutas del tamaño de un bocado y dispóngalas en un cuenco para servirlas. Añada las raíces ralladas al zumo de naranja y mézclelo bien. Viértalo sobre la fruta y remuévalo. Sírvala al momento o enfríela en el frigorífico toda la noche hasta que vaya a utilizarlo.

Sirva la fruta junto con la nata de coco.

ensalada de muesli con bayas

4 raciones

Esta es la versión saludable del típico muesli combinada con una macedonia. Se puede adaptar añadiendo varios frutos secos (nueces o almendras) y semillas, como las de chía, lino o girasol. Cuando no sea temporada de frutos del bosque, sirva el muesli con frutas secas como orejones y ciruelas pasas, dátiles, bayas goji remojadas, plátanos o escamas de coco. El muesli también se puede servir con yogur natural o de coco y polen de abeja. Para mí ya es bastante dulce, pero los muy golosos pueden añadir miel o jarabe de arce.

100 g de avena
150 ml de leche de almendra, coco o vaca sin azúcar, o agua
zumo de 1 naranja
50 g de almendras enteras con piel
1 manzana, sin corazón y rallada
1 cucharada de semillas de chía, pipas peladas de girasol o de calabaza
1-2 cucharadas de miel cruda suave o jarabe de arce para una receta vegana (opcional)
½ cucharadita de canela molida (opcional)
125 g de frutos del bosque variados, como fresas, moras, arándanos y frambuesas

SL SG V Ve Si se utiliza jarabe de arce.

Deje la avena en un bol en remojo con la leche y el zumo toda la noche. Remoje las almendras con agua dentro del frigorífico en otro bol tapado. Al día siguiente escurra las almendras y trocéelas. Añada las almendras y la manzana, las semillas o las pipas peladas, la miel y la canela molida, si la usa, a la mezcla. Si el resultado es demasiado espeso, añada un poco más de leche para aclararlo. Sirva la ensalada en vasos con los frutos del bosque por encima. Tómela al momento o consérvela en el frigorífico hasta el día siguiente.

2

lo primero es lo primero

ensalada con salsa verde

hortalizas vietnamitas con salsas para mojar

ensalada de higos, nectarina, burrata y jamón con aliño de miel

ensalada de lechuga con gorgonzola dulce y vinagreta de beicon

ensalada César con nueces caramelizadas

ensalada de aguacate y rúcula con aliño de fresa, albahaca y anacardos

coliflor asada con garam masala y aliño de yogur de mango

ensalada coreana de pomelo y fresas

ensalada italiana de marisco

calamar a la plancha, patatas y berros con migas verdes y aliño de limón

ensalada tailandesa con langostinos, zanahoria y cilantro

rollitos de primavera vietnamitas

tiradito de remolacha y salmón

ceviche sencillo de besugo, uvas y apio

ceviche de lubina, lima y cilantro

la salsa más alegre

ensalada de virutas de manchego, apionabo y rábano con aceite de trufa blanca

ensalada de endivias, pimientos del piquillo y chorizo

ensalada con salsa verde

4 raciones

Este inusual primer plato se basa en la receta de Burrata con salsa verde de Ignacio Matto, que sirve en su fantástico restaurante de Nueva York, Estela, donde presenta un queso entero en un mar de jugo verde de acedera picante. Si encuentra acedera, mézclela con las espinacas; si no, las espinacas solas son una buena alternativa.

Me gusta servir este entrante antes o después del plato principal en salseras antiguas, ya que es muy refrescante. También es un buen desayuno para un día soleado, en cuyo caso no le pongo ajo.

para la salsa

50 g de acedera y 50 g de espinacas o 100 g de espinacas
½ pera madura pero no blanda, pelada y sin corazón
100 g de ramas de apio
½ diente de ajo mediano
unas cuantas tiras de chile verde, al gusto
10 g de raíz fresca de jengibre, pelada y troceada
una pizca de sal

para la ensalada

1 calabacín, cortado en dados de 1 cm
½ pepino, pelado, sin semillas y cortado en dados de 1 cm
125 g de mozzarella de búfala de bola, en 8 trozos
1 aguacate mediano, cortado en dados de 1 cm

SG V

Prepare la ensalada primero. Ponga el calabacín y el medio pepino en un cuenco y déjelo en el frigorífico para que se enfríe. Ponga la mozzarella en un escurridor, y métala también en el frigorífico. (El aguacate debe cortarse antes de servirse para que no se ennegrezca.) Triture los ingredientes para la salsa con 200 ml de agua fría. Cuele la salsa, pruébela y rectifique el sabor. Debería ser fuerte y un poco picante. Manténgala refrigerada hasta el momento de servirla. La salsa se conserva un día en el frigorífico.

Vierta la salsa en cuencos individuales o en uno grande e incorpore las hortalizas y el queso justo antes de servir la ensalada.

hortalizas vietnamitas con salsas para mojar

6 raciones

Los bastoncitos de hortalizas, como el calabacín verde o amarillo, la zanahoria y el pimiento rojo son ideales para mojar en salsa chutney de cilantro y salsa de cacahuete. Lo vimos hacer en el fantástico restaurante vegetariano Hum, en Saigón. Es una receta genial cuando se tienen invitados o como tentempié saludable para los niños y resulta muy práctica para consumir los calabacines y el cilantro mustio que de otro modo irían a la basura.

para la salsa de cacahuete

120 g de mantequilla de cacahuete con trocitos
1 cucharada de salsa de tamarindo o zumo de lima o limón adicional
1 cucharada de salsa de soja
2 cucharadas de zumo de lima o limón
¼ a ½ de chile rojo o verde, picado (opcional)
1-2 cucharaditas de miel cruda suave, al gusto
sal, al gusto

para el chutney de cilantro

1 manojo grande, de unos 200 g, de cilantro fresco
100 g de anacardos o cacahuetes tostados, sin piel
4 cucharadas de zumo de limón
½ a 1 cucharadita de sal
1 cucharadita de miel cruda suave (opcional)
½ a 1 chile verde, sin semillas y troceado, para añadir según su intensidad
15 g de raíz fresca de jengibre, pelada y troceada

para las verduras

2 pimientos rojos
2 calabacines verdes o amarillos medianos
2 zanahorias medianas

SL SG V

Ponga los ingredientes para la salsa de cacahuete en un bol con 75 ml de agua fría y remuévalos para mezclarlos bien. Rectifique los condimentos al gusto. Se conserva en un tarro dentro del frigorífico hasta 4 días.

Triture los ingredientes para el chutney de cilantro, y añada hasta 100 ml de agua fría para obtener una crema suave para untar. Se conserva en un tarro en el frigorífico hasta 4 días.

Limpie y corte las verduras en forma de bastoncitos del tamaño de un bocado. Sírvalas con las salsas para mojar.

ensalada de higos, nectarina, burrata y jamón con aliño de miel

6 raciones

Este clásico moderno queda delicioso con burrata o mozzarella, rociado con miel y aceite. Invierta en los ingredientes, no en el tiempo de preparación, y disfrute de los placeres sencillos de la vida; permítase una burrata cremosa, los mejores tomates que encuentre y un aceite de oliva de calidad. Utilice frutas estacionales de verano, como higos o cerezas: lo importante es que sean maduras y sabrosas.

para el aliño de miel

1 cucharada de miel cruda suave
2 cucharadas de aceite de oliva de calidad
sal y pimienta negra recién molida

para la ensalada

6 higos maduros, en cuartos o mitades, según el tamaño
2 nectarinas, finamente laminadas
6 x 125 g de burrata o mozzarella enteras
12 lonchas de jamón serrano o ibérico
200 g de tomates cherry, partidos por la mitad
12 hojas grandes de albahaca

SG

Mezcle los ingredientes para el aliño en un cuenco pequeño o una jarrita y salpimiente al gusto, recordando que el queso y el jamón ya son algo salados.

Disponga los ingredientes de la ensalada en una bandeja y vierta el aliño de miel por encima.

ensalada de lechuga con gorgonzola dulce y vinagreta de beicon

6 raciones

Stefano Borella, chef de nuestra escuela de cocina, es originario de las montañas italianas. Cuando en casa de su familia se acababa el aceite de oliva, su abuela recurría a la grasa de cerdo caliente y el vinagre para aliñar las ensaladas. Pensamos que sonaba exquisito, de modo que experimentamos con el uso de grasa en la sartén después de cocer en ella el beicon.

Este es el resultado: una ensalada deliciosa con beicon y queso. Sírvala sobre una tabla grande mientras esté aún caliente y deje que cada comensal se haga con una hoja. La lechuga y el aliño pueden prepararse con antelación y mezclarse en el último momento.

La lechuga es importante en esta receta y debería ser de hojas blandas, como la Butterhead o la Boston: redonda, de hojas flexibles con sabor suave. Las hojas del cogollo también pueden utilizarse si las ensaladas se separan y se sirven individualmente, pero conviene eliminar antes los tallos amargos.

1 lechuga redonda de hojas suaves
250 g de lonchas de beicon ahumado, cortadas en tiras de 1 cm
100 ml de aceite de oliva virgen extra
25 g de piñones, almendras partidas o avellanas
200 g de gorgonzola dulce
2 cucharadas de vinagre de vino tinto
sal y pimienta negra recién molida

SG

Lave y seque la lechuga entera, y déjela escurrir boca abajo sobre papel de cocina para eliminar toda el agua. Corte el tallo, grueso y amargo, y deje que la lechuga se abra en forma de flor pero procurando mantener la base intacta.

Fría el beicon en una sartén antiadherente grande a fuego bajo con el aceite de oliva hasta que comience a quedar crujiente. El aceite formará parte del aliño.

Fría en seco los frutos secos en una sartén antiadherente a fuego medio durante 5–7 minutos hasta que se doren ligeramente.

Mientras, disponga la lechuga sobre una tabla o bandeja grande y ábrala con cuidado como si las hojas fueran los pétalos de una flor. Con los dedos, rompa el queso (es la mejor manera de hacerlo; el queso es demasiado blando y pegajoso para hacerlo con una cuchara) y coloque un trocito del tamaño de un bocado en cada hoja.

Añada el vinagre al beicon y el aceite de la sartén con mucha pimienta negra. Eche un poquito de sal, pero si el beicon ya está salado tal vez no sea necesario.

Para servir la ensalada, vierta el aliño y el beicon uniformemente sobre la lechuga y esparza los frutos secos por encima. Ofrezca servilletas de papel a los comensales, ya que esta ensalada es para comer con los dedos, directamente de la tabla, recogiendo el queso, el beicon y el aliño con las hojas de lechuga.

ensalada César con nueces caramelizadas

6 raciones

No iba a incluir una ensalada César en el presente libro, ya que es una receta que se encuentra en todas partes. Sin embargo, cuando probé la ligera mayonesa con un agradable sabor a ajo asado que recubría las crujientes hojas de lechuga romana en el restaurante Roberta's, en Brooklyn, cambié de idea y solo he aplicado algunos cambios a su brillante receta. Si le sobra aliño, pruébelo con patatas o huevos.

Esta ensalada incluye capas de frutos secos caramelizados: los más blandos, como las nueces y pacanas, son ideales para ello. También resultan un tentempié irresistible o un curioso toque final para otras ensaladas.

para las nueces caramelizadas

400 g de nueces o pacanas, o una mezcla de ambas
2 claras de huevo
30 g de azúcar integral
75 g de miel cruda suave o jarabe de arce
½ cucharadita de pimienta negra recién molida
1 cucharadita de sal

para la ensalada

2 lechugas romanas, limpias y con las hojas separadas
1 ración de Alioli (pág. 21)
100 g de parmiggiano reggiano o pecorino maduro
pimienta negra recién molida

SG

Precaliente el horno a 180 °C / potencia 4 de gas. Forre una bandeja con papel vegetal.

Disponga los frutos secos sobre la bandeja y tuéstelos 12 minutos, girando la bandeja una vez para garantizar una cocción uniforme. Retírelos del horno y déjelos templar. Baje el fuego a 130 °C / potencia 1 de gas.

En un cuenco grande, bata las claras justo hasta que empiecen a formar picos al sacar las varillas. Añada el azúcar, la miel y la pimienta, y siga batiendo todo para mezclarlo bien.

Añada los frutos secos al cuenco y utilice una cuchara grande para removerlos y que se impregnen de la mezcla. Luego, con una espumadora, sáquelos y dispóngalos de nuevo sobre la bandeja del horno. Espolvoree sal por encima de los frutos secos y áselos 25 minutos, girando la bandeja a media cocción. Deben quedar secos y no pegajosos al tacto; si lo están, siga tostándolos, pero evite que se quemen. Retírelos del horno y déjelos templar; luego puede conservarlos en un recipiente hermético hasta 2 semanas.

Para montar la ensalada, limpie y seque la lechuga. Disponga unas hojas en una bandeja de servir y rocíelas con un poco de aliño (yo utilizo una hoja para esparcirlo). Luego ralle una fina capa de queso, eche unos cuantos frutos secos por encima y muela pimienta negra. Repita la disposición por capas hasta utilizar todas las hojas. Guarde el aliño y los frutos secos sobrantes para otro día.

ensalada de aguacate y rúcula con aliño de fresa, albahaca y anacardos

4–6 raciones

La chef vegana Sara Mittersteiner me dio esta receta, que es una de sus ensaladas favoritas. Sara es de Parma, por lo que conoce sus vinagres balsámicos y siempre elige uno elaborado de manera tradicional en Módena. La levadura nutricional se incluye para aportar un sabor salado y la valiosa vitamina B_{12}. Si no puede encontrarla, la vinagreta es igualmente deliciosa sin ella.

para la vinagreta
50 g de anacardos remojados (véase pág. 13)
2 cucharadas de harina de tapioca
1 cucharada de aceite de oliva virgen extra
2 cucharadas de vinagre balsámico
1 diente de ajo pequeño
1 cucharada de levadura nutricional (opcional)
½ cucharadita de sal
1 cucharada de zumo de lima
5 hojas de albahaca
125 g de fresas
½ cucharadita de granos de pimienta rosa

para la ensalada
100 g de hojas de rúcula
1 aguacate grande, en láminas
2 cucharadas de arándanos rojos, cortados por la mitad si son grandes
100 g de lichis en lata, escurridos y en cuartos
aceite de oliva virgen extra, para rociar
unos cuantos granos de pimienta rosa, para decorar

SL SG V Ve

Triture los ingredientes de la vinagreta, junto con 2 cucharadas de agua fría, hasta obtener una mezcla suave y sedosa.

Disponga los ingredientes de la ensalada en platos y rocíelos con un poco de aceite de oliva virgen extra.

Sirva la vinagreta separada o eche un poco en cada ración de ensalada. Decórela con unos granos de pimienta rosa, chafándolos con los dedos.

coliflor asada con garam masala y aliño de yogur de mango

4–6 raciones

Esta es una receta fácil y rápida, y nadie sabrá que no se ha pasado horas con una olla caliente de chutney y que ha preparado este entrante o guarnición en un santiamén. La coliflor es barata, pero invierta en un chutney de mango de calidad para darle buen sabor. Moje las cabezuelas en la salsa y luego en los frutos secos para degustar.

para la coliflor
500 g de coliflor, las cabezuelas cortadas del tamaño de una nuez, y las hojas en bastoncitos
5 cucharadas de aceite de cacahuete o de semillas
1 cucharada de especias garam masala
1 cucharadita de comino molido
2 dientes de ajo, picados finos
sal y pimienta negra recién molida

para la salsa dip de mango
100 g de chutney de mango
50 g de yogur natural espeso
unas semillas de cebolla negra
75 g de almendras enteras tostadas (con piel) o laminadas, para servir
hojas de cilantro troceadas, para decorar

SG V

Precaliente el horno a 180 °C / potencia 4 de gas. Ponga la coliflor en un cuenco grande y mézclela con el aceite, las especias, el ajo, la sal y la pimienta. Luego espárzalas sobre una bandeja de horno, y áselas 30 minutos o hasta que empiecen a dorarse y ablandarse.

Mientras, para la salsa, si el chutney tiene trocitos, tritúrelo o píquelo a mano. Mezcle el chutney con el yogur. Vierta el resultado en un plato pequeño para servir y espolvoree las semillas de cebolla negra por encima. Rompa los frutos secos un poco con un cuchillo afilado y póngalos en otro plato.

Disponga la coliflor en un plato para servir, decorado con las hojas de cilantro y los boles con salsa dip y frutos secos.

ensalada coreana de pomelo y fresas

4 raciones

Hangawi, un restaurante coreano vegetariano dirigido por Terri Choi, es un oasis de sabor y encanto en el centro de Nueva York. El pomelo de la ensalada fue toda una inspiración y le aporta un sabor agridulce. También nos encantaron los trocitos de aguacate, crujientes por fuera y tiernos por dentro. Estaban en otra ensalada, pero nos gustan tanto que los he añadido aquí.

Terri me dio a conocer los aminoácidos líquidos. Pueden adquirirse cómodamente por internet o en tiendas especializadas como una alternativa saludable a la salsa de soja. Intente hacerse con un bote, poseen un sabor sin igual, afrutado, gustoso y delicioso.

Nos gusta esta ensalada como un entrante ligero para una cena con invitados. Los ingredientes de la ensalada pueden prepararse con antelación y conservarse en el frigorífico, y el aguacate y la rúcula se añaden en el último instante. Los trocitos de aguacate pueden calentarse momentáneamente en el horno después de freírlos y dejarlos templar. Solo hay que echar la vinagreta antes de servir la ensalada con los trocitos de aguacate por encima.

para la vinagreta

2 cucharaditas de vinagre de arroz, y más al gusto
2 cucharadas de aceite de sésamo (sin tostar), de cacahuete o de semillas de uva
2 cucharadas de aminoácidos líquidos o salsa de soja ligera, y más al gusto
2 cucharaditas de semillas de sésamo tostadas, molidas
1 cucharadita de miel cruda suave o de jarabe de arce (opción vegana), y más al gusto

para los dados de aguacate crujiente

1 aguacate maduro y firme, sin piel ni hueso y en dados de 1,5 cm
50 g de harina blanca o de arroz, para enharinar
100 ml de agua con gas
250 ml de aceite de cacahuete o de semillas, para freír

para la ensalada

1 pomelo rosa
8 fresas, sin las hojas y en láminas
1 zanahoria grande, pelada y en tiras finas
1 aguacate, sin piel ni hueso y en trozos del tamaño de un bocado
un puñado de hojas de rúcula
2 cebolletas, troceadas finas
1 cucharada de semillas de sésamo tostadas

SL SG V Ve Si se usa jarabe de arce.

Pele y corte el pomelo en gajos y parta cada uno por la mitad. Recoja el jugo que suelte y mézclelo en un bol con los ingredientes de la vinagreta. Pruebe y rectifique la condimentación, si es necesario.

Mezcle la harina con el agua con gas. Caliente el aceite a fuego fuerte en una sartén pequeña hasta que, al tirar una miguita de pan, esta burbujee en el aceite. Moje los dados de aguacate en la pasta. Con el fuego a potencia media-alta, fría el aguacate en el aceite caliente 3-5 minutos o hasta que se dore ligeramente. Escúrralo sobre papel de cocina y espolvoree un poco de sal por encima. Si se enfría, vuelva a calentarlo en el horno brevemente.

Distribuya los ingredientes de la ensalada en cuatro platos. Vierta encima la vinagreta y disponga sobre ella los dados calientes de aguacate y las semillas de sésamo.

ensalada italiana de marisco

6–8 raciones

Para disfrutar al máximo de esta colorida y apetitosa ensalada, prepárela la víspera, así el marisco se impregnará de los sabores mediterráneos. Sírvala con mucho pan para aprovechar el aliño o mezcle el sobrante con arroz cocido y templado.

500 g de filetes de pescado blanco, como lubina o besugo
500 g de marisco variado, como langostinos pelados, vieiras y calamar
½ a 1 chile rojo, en rodajas finas, al gusto
un puñado de aceitunas verdes o negras, partidas por la mitad y sin hueso
1 diente de ajo, picado fino
2 cucharadas de vinagre de vino blanco
2 cucharadas de zumo de limón, y más al gusto
150 ml de aceite de oliva virgen extra
1 zanahoria mediana, en tiras muy finas
½ pimiento rojo, cortado en bastoncitos
4 tomates grandes o 8 pequeños deshidratados, cortados finos (opcional)
1 rama de apio, en juliana
unas hojas de orégano fresco o ½ cucharadita de orégano seco
sal y pimienta negra recién molida
perejil de hoja lisa troceado, para decorar
pan crujiente, para servir (opcional)

SL SG

Cocine el pescado en agua hirviendo con un poco de sal unos 2–4 minutos. Retírelo del agua y déjelo templar. Quítele la piel y separe un poco la carne en trozos del tamaño de un bocado. Si no utiliza marisco precocinado, limpie el calamar y córtelo en trozos de 1 cm de grosor. Luego cocine el marisco en la misma agua 2–4 minutos o hasta que esté listo. Los langostinos se volverán rosados cuando estén cocidos. Escurra y reserve el marisco y déjelo templar.

Ponga el resto de ingredientes, excepto el perejil y el pan, en un bol. Mézclelos con cuidado para no romper el pescado. Cúbralos y déjelos marinar toda la noche en el frigorífico. Al día siguiente, rectifique la sal, la pimienta y el zumo de limón. Sirva la ensalada decorada con perejil y pan crujiente, si lo desea. La ensalada puede conservarse hasta 3 días dentro del frigorífico en un recipiente hermético.

calamar a la plancha, patatas y berros con migas verdes y aliño de limón

6 raciones

El blandito calamar y las jugosas patatas combinan aquí a la perfección con las migas crujientes a las hierbas y el aliño de limón. Disfrute de esta ensalada como almuerzo ligero o como entrante. Aprendimos a preparar estas migas verdes en Sicilia, donde las servían como toque final de un plato de pasta con tomate y pulpo. Se pueden congelar: guarde las sobras en una bolsita de plástico, expulse el aire de su interior y consérvelas en el congelador hasta 3 meses.

para la ensalada

1 patata mediana o 6 patatas nuevas, con piel
300 g de calamar, cortado de manera que se rice o en aros, con los tentáculos enteros
2 cucharadas de aceite de oliva virgen extra
2 cebolletas, picadas finas
2 cucharadas de alcaparras en sal o en conserva, lavadas y troceadas si son grandes
un buen puñado de hojas de ensalada
½ a 1 pimiento amarillo, en tiras

para las migas verdes

50 g de pan blanco rústico o sin gluten
20 g de hojas de hierbas variadas, como perejil, mejorana, orégano y tomillo
2 cucharadas de aceite de oliva
raspadura de 1 limón

para el aliño de limón

4 cucharadas de zumo de limón
8 cucharadas de aceite de oliva virgen extra
sal y pimienta negra recién molida

SL SG

Lleve una olla pequeña con agua salada a ebullición y cueza la patata. Déjela templar y pélela, si se trata de una sola patata.

Mientras, precaliente el horno a 150 °C / potencia 2 de gas. Forre una bandeja de horno con papel vegetal.

Triture el pan con las hierbas, la sal y la pimienta. Ponga el resultado en un bol y mézclelo con el aceite y la raspadura de limón. Pase las migas a la bandeja del horno y tuéstelas unos 5 minutos. Mientras, rompa las patatas en trozos del tamaño de un bocado.

Caliente la plancha. Mezcle el calamar con el aceite, condiméntelo bien y cocínelo 3-5 minutos hasta que se haga y se dore un poco. Dele la vuelta a media cocción. Mezcle el resto de los ingredientes de la ensalada con el aliño y dispóngala en platos individuales. Coloque el calamar por encima y remate el plato con las migas.

ensalada tailandesa con langostinos, zanahoria y cilantro

2–4 raciones

Esta ligera ensalada es un primer plato fenomenal, o puede servirse junto a un bufé de ensaladas tailandesas o vietnamitas. Se prepara rápido, en menos de 10 minutos. Nos la enseñó Susie Jones, que es camboyana pero aprendió a cocinar en Tailandia. Me regaló un árbol de albahaca sagrada (o tulsi) y me indicó que añadiera unas hojas a mis ensaladas. Forma parte de la familia de la menta y se cree que es un antibacteriano natural y que reduce el estrés.

para la ensalada

175 g de langostinos grandes crudos, pelados
½ tallo de hierba limón, cortado fino
unas hojas de albahaca tailandesa o común
unas hojas de albahaca sagrada (opcional)
1 zanahoria pequeña, laminada fina
2 rábanos, en rodajas muy finas
1 diente de ajo, picado fino
1 chile rojo pequeño, picado muy fino
2 ramitas de cilantro, sin tallos, las hojas troceadas

para el aliño

zumo de ½ limón o 1 lima
½ cucharadita de miel cruda suave
¼ de cucharadita de sal

SL SG

Practique un corte en el dorso de cada langostino con un cuchillo afilado. Retire el intestino en caso que lo haya. Así, el agua caliente penetrará con facilidad en la parte más gruesa del langostino. Échelos en una olla pequeña con agua hirviendo uno o dos minutos, hasta que se vuelvan rosados, y entonces páselos a un escurridos para que se templen y escurran. Resérvelos.

Ponga los ingredientes del aliño en un bol grande, remuévalos bien y añada el resto de ingredientes de la ensalada; mézclelos bien y sírvala.

rollitos de primavera vietnamitas

6 raciones

Estos rollitos ligeros son ideales para mojar en la Salsa vietnamita nuoc cham (pág. 19) o cualquier otra salsa dip. Pueden freírse en aceite de semillas o frutos secos hasta que se doren, pero los preferimos sin cocer, con las crujientes hortalizas crudas en su interior. Para una versión vegetariana, añada bastoncitos de tofu, remolacha o pepino en vez de los langostinos. Antes de preparar los rollitos, haga uno de prueba para comprobar que le satisface el sabor de las hierbas, la lima y el chile.

50 g de fideos de arroz
2 cucharaditas de aceite sin sabor, como el de semillas de uva o de cacahuete
18 láminas medianas para rollitos orientales
un puñadito de hojas de cilantro
un puñadito de hojas de menta
1 zanahoria mediana, rallada
225 g de langostinos cocidos y pelados
zumo de 1 lima
3 cucharadas de salsa de chile o 2 cucharadas de chile rojo o verde, picado
Salsa vietnamita nuoc cham (pág. 19), para servir el plato

SL SG

Remoje los fideos en abundante agua hirviendo durante 6-8 minutos o hasta que estén blandos. Escúrralos y lávelos con agua fría. Mézclelos con el aceite para evitar que se peguen entre sí y resérvelos.

Disponga un paño húmedo, como una toalla o trapo de cocina, sobre un plato grande y reúna los ingredientes en montoncitos sobre una superficie limpia. Presione una de las láminas para rollitos sobre el paño para que se humedezca y se ablande. Disponga un montoncito rectangular con un poco de cilantro, menta, zanahoria y langostino sobre la lámina, exprima un poco de zumo de lima por encima y eche unas gotas de salsa de chile. Enrolle la lámina por la mitad, remeta los extremos hacia el interior y siga enrollándola para envolver el relleno. Repita la operación con el resto de las láminas. Sírvalos con Salsa vietnamita nuoc cham.

tiradito de remolacha y salmón

6 raciones

El tiradito es parecido al ceviche, aunque no siempre ha sido así. En su origen, el pescado del ceviche se cortaba en dados y el del tiradito en lonchas; ahora, desde la inmigración de miles de japoneses durante el siglo XIX, el ceviche también suele prepararse en lonchas. El tiradito es más ligero que el ceviche y la leche de tigre no suele contener cebolla. La salsa se sirve en la mesa para que cada comensal se la eche sobre el pescado antes de empezar a tomarlo.

Esta receta es del maravilloso y joven chef Adam Rawson. Aunque él utiliza ingredientes importados, como el plátano macho o el maíz gigante, también le gusta mezclar ingredientes europeos, como el rábano picante, en lugar del wasabi, y la remolacha, por ser crujientes y aportar una dulzura natural que equilibra la acidez del zumo de lima.

para el tiradito

½ cebolla roja, picada fina
1 remolacha mediana, en dados de 1 cm
½ a 1 chile rojo, al gusto, en rodajitas
zumo de 1 lima
400 g de filete de salmón muy fresco, sin espinas, sin piel y cortado fino
1 aguacate
escamas de sal marina
2 cucharadas de aceite de oliva virgen extra
un puñadito de hojas verdes, como hojas de remolacha mini, berros o mastuerzo germinado
1 cucharadita de semillas de cebolla negra
sal y pimienta negra recién molida

para la leche de tigre de remolacha

250 ml de zumo de remolacha
zumo de 2 limas
2 cucharadas de salsa de soja
1 cucharada de vinagre de arroz
1-2 cucharaditas de polvos o salsa de wasabi, o 1-2 cucharaditas de rábano picante rallado, al gusto
rábano picante rallado fino, para decorar (opcional)

SL SG

Remoje la cebolla picada en agua fría.

Vierta el zumo de remolacha en una sartén grande a fuego bajo y reduzca el líquido a una tercera parte, hasta que queden unos 160 ml. Viértalo en una jarrita y déjelo templar.

Mezcle los dados de remolacha con el chile, la mitad del zumo de lima, la sal y la pimienta.

Añada el resto de los ingredientes para la leche de tigre al zumo de remolacha de la jarrita. Salpimiéntela al gusto y añada wasabi (o rábano picante) hasta obtener una salsa picante. Esto puede dejarlo preparado el día anterior.

Disponga el salmón en platos individuales o boles poco hondos. Corte el aguacate en dados y colóquelo sobre el pescado. Exprima encima el resto de zumo de lima para que el aguacate no se oxide. Ponga los platos en el frigorífico o en un lugar fresco hasta que vaya a servirlos.

En el momento de servir el tiradito, salpimiente el pescado y el aguacate y rocíelos con el aceite de oliva. Disponga un montoncito de dados de remolacha con las hojas por encima, y espolvoree las semillas de cebolla y la cebolla sobre el preparado. Sirva el tiradito al momento, junto con la leche de tigre y el rábano picante, si lo desea.

ceviche sencillo de besugo, uvas y apio

6 raciones como entrante

Esta es otra de las recetas de Adam Rawson, procedente de sus viajes a Lima. Este sencillo ceviche es una mezcla de zumo de lima, chile y sal que «cuece» el pescado en cuestión de minutos, y lo vuelve de su color gris rosado translúcido a blanco opaco. Las proteínas quedan desnaturalizadas con el ácido del cítrico, lo cual aporta textura al pescado.

Es muy importante que el pescado sea fresco: pida al pescadero que sea de la última entrega. Muchos restaurantes congelan el pescado 24 horas a -20 °C antes de utilizarlo para eliminar posibles parásitos. Esto es difícil en un congelador doméstico, pero en la pescadería pueden hacerlo y gran parte del pescado que se vende en los supermercados ha sido previamente congelado.

De acompañamiento, suelen servirse mazorcas de maíz o un bol de maíz tostado, lo cual aporta un sabor dulce que contrasta con el sabor cítrico y salado del ceviche.

4 filetes de unos 125 g de besugo, lubina o emperador muy fresco, sin espinas y sin piel
½ a 1 cucharadita de sal de apio
zumo de 2 limas
2 ramas de apio, cortadas finas en diagonal, más un puñadito de hojas de apio
100 g de uvas blancas sin semillas, cortadas por la mitad
¼ a ½ jalapeño o chile verde, al gusto, en rodajas finas
un manojito de hojas de cilantro, troceadas
1 cucharadita de granos de pimienta rosa, algo chafados

SL SG

Corte el pescado en un ángulo de 45 grados con un cuchillo afilado para obtener láminas de unos 3 mm de grosor. Luego dispóngalas sobre una bandeja.

Esparza la sal de apio y vierta el zumo de lima por encima. Añada el apio picado y sus hojas, las uvas, el chile, las hojas de cilantro y granos de pimienta, y sirva el ceviche al momento.

ceviche de lubina, lima y cilantro

6 raciones como entrante

Esta receta es de Adam Rawson, exjefe de cocina de Pachamama, un restaurante peruano moderno. A los peruanos les gusta comer ceviche por la mañana, una comida ligera y fresca. Se puede tomar un chupito de leche de tigre, el jugo sobrante del marinado, al parecer como cura de la resaca. La leche de tigre ha evolucionado desde la simple combinación de lima y sal hasta recetas que incluyen espinas de pescado molidas, cítricos, a veces ajo y otros ingredientes aromáticos. Debe ser abundante en el plato o en el bol, y tiene que cubrir el pescado para surtir su efecto mágico, por lo que hay que ser generoso con ella.

Al preparar el ceviche, recuerde que debe equilibrar los sabores; además de la acidez de los cítricos, suele haber algún ingrediente dulce, como el maíz, la remolacha o los dados de boniato al vapor.

para el ceviche

½ cebolla roja pequeña, picada (utilice la otra mitad para la leche de tigre)
1 boniato pequeño, en dados de 1 cm
escamas de sal marina y pimienta negra recién molida
2 cucharadas de aceite de oliva virgen extra
4 filetes de unos 125 g de lubina o besugo muy fresco, sin espinas ni piel
4 rabanitos, pelados
½ a 1 chile rojo, al gusto, cortado fino (utilice el sobrante para la leche de tigre)
un puñadito de hinojo marino o rúcula
sal y pimienta negra recién molida
hojas de cilantro, para decorar

para la leche de tigre

zumo de 2 limas
½ cebolla roja pequeña
¼ a ½ chile rojo, al gusto
1 tallo de hierba limón
1 tomate
1 rama de apio
un trozo de 2 cm de raíz fresca de jengibre, pelada
1 diente de ajo pequeño
½ cucharadita de sal

SL SG

Precaliente el horno a 200 °C / potencia 6 de gas. Remoje la media cebolla cortada fina en agua fría.

Triture los ingredientes de la leche de tigre en una batidora hasta que queden suaves. Deje reposar el resultado 15 minutos y luego cuélelo a un tarro con tapa. Guárdelo en el frigorífico hasta su uso. Esto puede hacerse el día anterior.

Salpimiente el boniato y rocíelo con aceite. Páselo a una bandeja de horno y áselo 15 minutos o hasta que quede blando y algo dorado. Déjelo templar.

Corte el pescado en un ángulo de 45 grados con un cuchillo afilado para obtener láminas de unos 3 mm de grosor: así es como se corta el salmón ahumado a mano. Disponga las láminas sobre una bandeja y guárdelas en el frigorífico.

Escurra la cebolla sobre papel de cocina. Échela en un bol grande con el boniato, los rábanos, el chile y el hinojo marino. Mézclelo todo.

Saque el pescado del frigorífico y espolvoréelo con sal y pimienta. Déjelo reposar 15 segundos, luego vierta la leche de tigre por encima, cerciorándose de que todo el pescado quede recubierto (la leche sobrante puede conservarse un par de días en el frigorífico). El pescado se volverá opaco en unos 5 minutos. Acabe el plato con la ensalada, decórelo con las hojas de cilantro y sírvalo al momento.

la salsa más alegre

10–12 raciones

Un nombre divertido con el que mis amigas bautizaron este entrante tan seriamente bueno. Una de ellas, Karin, me enseñó a prepararlo para una fiesta. Unas capas de suave guacamole y nata agria sobre alubias refritas, con salsa de tomate picante, queso rallado y ensalada por encima, a punto para mojar con unos bocaditos de tortilla caseros. Para ahorrar tiempo, se pueden comprar las alubias ya refritas, pero debe preparar el guacamole y la salsa: vale la pena.

para las alubias refritas
3 cucharadas de aceite de oliva virgen extra
1 cebolla grande, picada fina
3 dientes de ajo, troceados
hojas de 2 ramitas de tomillo
2 latas de 400 g de alubias negras o pintas, escurridas, o 480 g de alubias negras o pintas cocidas y escurridas

para mojar, salsa y bocaditos
16–20 tortillas de maíz grandes
100 ml de aceite de oliva virgen extra
1 ración de Guacamole (pág. 182)
300 ml de nata agria
1 ración de Salsa de tomate picante (pág. 171)
150 g de queso cheddar o Red Leicester, rallado
un puñado de hojas de cilantro, troceadas

SG

Para las alubias refritas, caliente el aceite en una sartén de base gruesa y fría la cebolla salpimentada a fuego lento hasta que quede blanda. Tardará unos 10 minutos. A media cocción, añada el ajo y el tomillo y cocínelos hasta que queden blandos. Anada las alubias cocidas y 200 ml de agua (utilice el agua de cocción si las ha cocido usted en casa) y llévelas a ebullición. Con un utensilio para chafar patatas o con la trituradora, reduzca las alubias a un puré con tropezones, añadiendo agua si es necesario, hasta obtener una pasta espesa. Pruebe y rectifique la sal y la pimienta. Retire del fuego y deje templar a temperatura ambiente.

Para las tortillas, precaliente el horno a 200 °C / potencia 6 de gas. Corte las tortillas en tiras de unos 5 cm de ancho, algunas más largas y otras más cortas. Extiéndalas sobre bandejas de horno. Píntelas con el aceite de oliva y salpimiéntelas. Áselas hasta que queden firmes y crujientes pero que no se rompan. Tardarán unos 5 minutos en dorarse.

Para montar y servir esta receta, puede utilizar platos individuales o un bol grande de cristal: yo uso un frutero grande. Primero disponga una capa de alubias refritas en la base del plato y continúe con el guacamole y la nata agria. Luego extienda la salsa picante con el queso rallado. Espolvoree cilantro por encima y sírvalo, antes de una hora, junto a los bocaditos para mojar.

consejo
Para cocer las alubias negras o pintas secas, con 240 g de legumbre seca se obtienen hasta 480 g. Déjelas en remojo con agua fría toda la noche. Lleve las alubias a ebullición y cocínelas hasta que queden tiernas. Escúrralas, pero reserve el agua de la cocción.

ensalada de virutas de manchego, apionabo y rábano con aceite de trufa blanca

4-6 raciones

Esta es una ensalada apta para todas las estaciones, ya que cualquier hortaliza que se pueda cortar en cintas finas, casi transparentes, es adecuada para esta combinación de sabores y texturas. El manchego (o el pecorino, otro queso de oveja) parece acentuar el sabor de las verduras, elevándolas a la altura de las preciosas gotas de aceite de trufa blanca y las nueces picadas. Pruebe la receta con aguaturma (pataca) y pera, diferentes tipos de setas o zanahoria y remolacha, y experimente con otros aceites, como el de nueces o aguacate, o simplemente disfrute de un buen aceite de oliva.

50 g de nueces, partidas por la mitad
12 espárragos
1/3 de apionabo pequeño
6 rábanos
75 g de queso manchego
3 cucharadas de aceite de oliva virgen extra
unas gotas de aceite de trufa blanca
sal y pimienta negra recién molida

SG

Precaliente el horno a 180 °C / potencia 4 de gas, y tueste las nueces sobre una bandeja durante 6 minutos o hasta que empiecen a dorarse.

Corte las hortalizas y el queso en cintas y virutas con un pelador, una mandolina o un cuchillo muy afilado. Amontone una capa sobre una bandeja para servir, salpiméntela y rocíela con aceite de oliva y unas gotas de aceite de trufa. Repita las capas hasta acabar los ingredientes.

Para terminar, chafe ligeramente las nueces con una mano de mortero o trocéelas con un cuchillo sobre la ensalada. Espolvoree la pimienta negra por encima y sirva la ensalada.

ensalada de endivias, pimientos del piquillo y chorizo

4 raciones

Las crujientes hojas de las endivias son ideales para envolver el chorizo, que tiene un sabor ahumado, y los pimientos dulces. Esta receta con sabores típicos de la cocina española es de nuestra buena amiga y profesora Carolina Català-Fortuny. Ella prepara este plato en su curso de tapas y lo sirve en un bol junto con más hojas de endivia enteras para utilizarlas a modo de cucharas.

2 chorizos para cocinar de unos 85 g, en rodajas o desmigados
6 pimientos del piquillo de lata, escurridos y cortados en tiras finas
2 dientes de ajo, picados finos
12 aceitunas tipo kalamata, sin hueso y partidas por la mitad
1 cucharada de perejil de hoja lisa, picado
2 cucharadas de jerez seco
3 endivias blancas
1 cucharada de vinagre de jerez
3 cucharadas de aceite de oliva virgen extra
sal y pimienta negra recién molida

SL SG

Cocine el chorizo en una sartén a fuego medio hasta que deje de soltar grasa y empiece a dorarse. Añada los pimientos, el ajo, las aceitunas y el perejil y deje cocer todo junto unos minutos. Añada el jerez seco y siga cocinando hasta que reduzca, unos 3–4 minutos. Retire del fuego y reserve.

Retire las 8–10 capas externas de las endivias y resérvelas. Corte el resto de las endivias en tiras de 1 cm, descartando las partes leñosas, y mézclelas con el chorizo y los pimientos.

Prepare el aliño mezclando el vinagre y el aceite, y salpimiéntelo al gusto; recuerde que el chorizo ya es salado.

Para terminar el plato, disponga las hojas enteras de endivia alrededor de una bandeja y coloque la mezcla de pimiento, chorizo y endivia en el centro. Rocíe la ensalada con el aliño y sírvala.

3

ensaladas de granja

ensalada inglesa a la antigua con pollo, naranja y agracejos
tabulé con paletilla de cordero con costra de dátiles y labneh a la menta
ensalada de melocotón y lentejas con solomillo de cerdo
pollo de la coronación con lichis
ensalada tibia de jamón ahumado y apio con aliño de mermelada y jengibre
ensalada de arroz, piña y anacardos con cerdo hula y pimientos asados
ensalada de col y frutas con pollo rebozado y crema de chipotle
shawarma de pollo, lechuga y cilantro con crema de limón
ensalada de pintada y alcachofa con salsa harissa
ensalada de pollo y col
ensalada de fruta y pato asado con marinada de cinco especias
ensalada de confit de pato, patatas crujientes y ajo
ensalada arco iris con ternera coreana envuelta en lechuga
ensalada mexicana con ternera
tagliata de filete con salsa verde, cebolla tierna y tomate
ensalada griega de pollo al limón, cereales y feta con tzatziki

ensalada inglesa a la antigua con pollo, naranja y agracejos

6 raciones

Repasando antiguas recetas de ensaladas, encontré el libro *Acetaria: A Discourse of Sallets*, de John Evelyn. Publicado en 1699, habla de ensaladas elaboradas con una enorme variedad de hierbas, flores, bayas y frutos, además de aliños de vinagres y aceites. Las recetas son mucho más inspiradas que la mayoría de las ensaladas actuales.

Una de las ensaladas más sencillas de Evelyn es perfecta para aprovechar las sobras de pollo del caldo o de un asado. Se pueden comprar agracejos y pasas verdes por Internet o en tiendas especializadas. Antes se empleaban habitualmente en las ensaladas y aportan una acidez agradable que añade sabor y textura. Si no encuentra agracejos, utilice en su lugar arándanos rojos deshidratados.

para el aderezo

2 cucharadas de vinagre de vino tinto o de sidra
5 cucharadas de aceite de oliva virgen extra o aceite suave de colza
1 cucharada de mostaza de grano entero
1–2 cucharaditas de miel cruda suave, al gusto
sal y pimienta negra recién molida

para la ensalada

500 g de pollo cocinado, desmenuzado
3 cucharadas de agracejos secos, remojados en agua fría 30 minutos
3 cucharadas de hojas de estragón
2 cucharadas de hojas de perejil, troceadas
un puñado de hojas de ensalada, como portulaca, algáfita o berros
25 g de almendras tostadas, laminadas
25 g de pasas sultanas doradas o verdes, remojadas en agua fría 30 minutos
2 naranjas, en rodajas

SL SG

Mezcle los ingredientes para el aderezo y salpimiente a su gusto.

Mezcle los ingredientes para la ensalada en una bandeja y condiméntelos con el aderezo. Remuévalos para combinar los sabores y déjelos reposar 30 minutos. Espolvoree un poco de pimienta negra por encima antes de servir la ensalada.

tabulé con paletilla de cordero con costra de dátiles y labneh a la menta

6-8 raciones

Esta receta está inspirada en la manera marroquí de cocinar la carne con fruta seca. A menudo se utiliza una mantequilla clarificada, llamada «smen», pero aquí hemos utilizado mantequilla con sal para facilitar la elaboración. Los dátiles, la mantequilla y las especias forman una costra pegajosa, dulce y especiada que recubre el cordero y resulta suculenta con la salsa de yogur y menta que acompaña las hojas de ensalada. Sirva el plato con Kabsa de quinoa con hashu de frutos secos (pág. 164), Fattoush (pág. 161), Tomate y berenjena al estilo marroquí (pág. 159) y Ensalada de zanahoria y jengibre (pág. 181). Si no dispone de pimentón picante, añada 1 cucharadita de copos de guindilla seca, pero no utilice pimentón dulce.

La receta de tabulé es de nuestra amiga Amal. Su familia lo come con hojas de lechuga que se disponen alrededor del plato antes de servirlo. Para una versión sin gluten, use quinoa en lugar de trigo bulgur. El tabulé varía con las estaciones: esta es la versión estival. En invierno prescinda del tomate y la cebolla y añada apionabo, hinojo en láminas, nueces troceadas y granada.

para el cordero

1 paletilla de cordero mediana a grande, con hueso, de unos 2 kg de peso
10 dátiles Medjool, sin hueso
100 g de mantequilla
5 dientes de ajo, chafados
2 cucharaditas de hojas de tomillo fresco o seco
2 cucharaditas de orégano seco
2 cucharaditas de canela molida
2 cucharaditas de pimentón picante
½ a 1 cucharadita de chile en polvo, al gusto
1 ½ cucharaditas de sal, y más al gusto
pimienta negra recién molida

para el tabulé

100 g de trigo bulgur o quinoa (para una opción sin gluten)
un puñado grande (unos 35 g) de perejil de hoja lisa, picado
200 g de tomates cherry o redondos maduros, troceados, y unos más para decorar
125 g de pepino, pelado y en dados
5 cebolletas, ½ cebolla roja o ½ chalota
un puñadito de menta, picada, más 10 hojas troceadas, para decorar
2 lechugas Little Gem, limpias y deshojadas

para el aderezo

1 diente de ajo, picado fino
zumo de 1 limón
4 cucharadas de aceite de oliva
3 cucharadas de melaza de granada
1 cucharada de vinagre de vino tinto
1 cucharadita de zumaque
1 cucharadita de azúcar (opcional)

para el labneh a la menta

300 ml de yogur o Labneh (pág. 202)
un puñadito de menta, picada
un puñadito de perejil de hoja lisa, picado
1 diente de ajo, picado
unos trocitos de chile rojo, picado
un puñado de nueces troceadas y/o piñones y chile en polvo, para decorar

SG Si se usa quinoa.

Precaliente el horno a 220 °C / potencia 7 de gas. Deje que el cordero se temple a temperatura ambiente unos 30 minutos: permitirá una cocción homogénea. Corte los restos de piel de la parte superior; la grasa blanca de tono ceroso es buena, no la elimine.

Prepare la costra de dátiles triturando los dátiles, la mantequilla, el ajo, las hierbas, las especias, 1 cucharadita de sal y pimienta negra recién molida con 200 ml de agua. Utilice la batidora de brazo o de vaso, o hágalo a mano. Obtendrá una mezcla espesa y pegajosa. Salpimiente el cordero por la parte inferior y dispóngalo sobre una bandeja de horno. Cerciórese de que la parte superior esté seca o séquela con papel de cocina. Unte la parte superior y lateral con la pasta de dátiles con el dorso de una cuchara. Use toda la pasta.

Vierta 200 ml de agua fría en la bandeja. Envuelva el cordero con 2 capas de papel de aluminio y áselo 10 minutos. Baje la temperatura a 170 °C / potencia 3 de gas, y áselo 2 horas. Retire el cordero del horno y abra una esquina del envoltorio de aluminio (con cuidado, ya que saldrá vapor caliente) y compruebe si está seco. Si no hay jugo bajo el cordero, añada 100 ml más de agua y envuélvalo de nuevo. Cocínelo una hora más. Para comprobar si la carne está hecha, tire ligeramente del hueso. La carne que lo rodea debería desprenderse fácilmente y notarse tierna. Si no está lista, envuelva de nuevo el cordero y métalo en el horno un rato más (esto puede suceder si la paletilla es muy grande).

Para preparar el tabulé, remoje el trigo bulgur en agua hirviendo 10 minutos o hasta que esté listo. Escúrralo y déjelo templar extendido en un plato. Si utiliza quinoa, cocínela según las indicaciones del paquete y déjela templar.

Mezcle los ingredientes para el aderezo en una jarrita, remuévalos bien y salpimiéntelo al gusto. Si tiene un sabor demasiado ácido, añádale una cucharadita de azúcar y remuévalo.

Disponga el trigo bulgur o la quinoa en un bol grande e incorpore el resto de los ingredientes, excepto las hojas de lechuga. Vierta el aderezo por encima y mézclelo con cuidado. Sírvalo en una bandeja con la menta y unos tomates cherry encima. Disponga las hojas de lechuga alrededor de la bandeja para comer con ellas el tabulé.

Para el labneh a la menta, mezcle los ingredientes en un bol y salpimiéntelo al gusto. Póngalo en un cuenco, y decórelo con frutos secos y chile en polvo; luego enfríelo en el frigorífico.

Retire el cordero de la bandeja de horno y páselo a un plato, cubierto con el aluminio y un par de trapos de cocina para que se mantenga caliente. Déjelo reposar al menos 20 minutos y un máximo de 45 minutos. Luego, con dos tenedores, desprenda la carne del hueso y pásela a una bandeja caliente. La costra dulce se desmontará y se mezclará con los trocitos de carne. Sírvalo con el labneh y el tabulé.

ensalada de melocotón y lentejas con solomillo de cerdo

4–6 raciones

La combinación del cerdo con las semillas de hinojo es un clásico italiano desde los romanos. El hinojo silvestre crece de manera abundante y produce masas de flores amarillas que se recogen para obtener polen o se dejan madurar hasta que se forman las semillas. Siempre me sorprende que los italianos lo cultivan para comer y en el Reino Unido lo plantamos por su belleza. Creo que se pueden combinar ambas cosas. El hinojo suele encontrarse en estado silvestre pero mucha gente no sabe que es comestible y se limitan a disfrutar de sus frondosas hojas.

1 cucharada de semillas de hinojo
1 diente de ajo, picado fino
1 cucharadita de sal marina fina
un solomillo de cerdo de 600 g
1 cucharada de aceite de oliva virgen extra

para el aderezo
zumo de 1 limón
4 cucharadas de aceite de oliva virgen extra
sal y pimienta negra recién molida

para la ensalada
360 g de lentejas verdinas o verdes de Puy en conserva, lavadas y escurridas
60 g de ciruelas pasas, troceadas
2 cucharadas de perejil de hoja lisa, picado
75 g de espinacas, kale, lechuga, rúcula u hojas de mostaza
2 melocotones, sin hueso, con piel y cortados en 12 rodajas
2 cucharadas de eneldo o hinojo silvestre, picado

SL SG

Chafe las semillas de hinojo en el mortero y espárzalas sobre un papel vegetal extendido con el ajo y la sal. Elimine cualquier resto de piel dura del solomillo y hágalo rodar sobre el ajo, la sal y las semillas de hinojo. Enrolle el solomillo con el papel vegetal, colóquelo sobre un plato y déjelo en el frigorífico de 30 minutos a un día.

Precaliente el horno a 180 °C / potencia 4 de gas. Saque el solomillo del frigorífico y déjelo templar mientras prepara la ensalada.

Para el aderezo, mezcle el zumo de limón y el aceite en un bol y salpiméntelo al gusto.

Para la ensalada, las lentejas deben estar a temperatura ambiente o algo calientes. Mézclelas con las ciruelas y el perejil, añada la mitad del aderezo y remuévalo: guarde el resto del aderezo para añadirlo antes de servirlo. Disponga las lentejas sobre una bandeja grande con las hojas verdes, las rodajas de melocotón y el eneldo.

Caliente el aceite en una sartén antiadherente y luego dore el solomillo para sellar los jugos en su interior. Páselo a una bandeja de asar y cocínelo 12–15 minutos o hasta que se note firme al tacto. Retírelo del horno y resérvelo, cubierto con papel de aluminio y un trapo de cocina, para dejarlo reposar 10 minutos. Córtelo en rodajas de 1 cm de grosor, colóquelas sobre las lentejas con el jugo de la cocción y eche el resto del aderezo por encima. Sírvalo al momento.

pollo de la coronación con lichis

6–8 raciones

El pollo del día de la coronación fue posiblemente la primera cena frente al televisor. Lo creó Rosemary Hume en la década de 1950 para que las familias lo tomaran ante la pantalla en blanco y negro que emitiría la ceremonia de la coronación de la reina Isabel II.

Los ingredientes son fáciles de encontrar y siempre resulta un plato delicioso. Se puede preparar con sobras de pollo o pavo, en cuyo caso sáltese el primer párrafo, donde se indica la preparación de la carne. Nosotros solemos aprovechar la carne que hemos utilizado para un caldo: un pollo entero o un par de muslos de pavo. Luego especiamos el caldo y lo usamos para cocer cuscús o arroz para el Kabsa de quinoa (pág. 164). Los orejones que tienen un tono naranja vivo han sido expuestos a dióxido de azufre para conservar su color, por eso preferimos optar por orejones ecológicos, más oscuros.

El pollo de la coronación se sirve tradicionalmente con hojas de lechuga alrededor del plato, pero también es exquisito con una de las recetas indias de las páginas 144–145.

para el pollo

1 zanahoria, en rodajas cortadas en diagonal
2 ramas de apio con hojas, o un puñado de hojas de apio
1 cebolla blanca pequeña, partida por la mitad
1 hoja de laurel
900 g de pechugas o muslos de pollo sin hueso ni piel o 900 g de pollo cocinado

para la ensalada

25 g de almendras laminadas
150 g de orejones ecológicos, cortados en tercios
400 g de lichis en conserva, escurridos y troceados en cuartos
un puñadito de cilantro fresco, troceado, sin tallos gruesos

para el aderezo

500 g de yogur natural espeso
300 ml de Mayonesa casera (pág. 21) o comprada
3 cucharadas de polvos de curri
sal y pimienta negra recién molida

SG

Ponga la zanahoria, el apio, la cebolla y el laurel en una olla grande y añada suficiente agua fría para cubrirlos 10 cm. Tape la olla y llévela a ebullición, y luego añada el pollo crudo. Llévelo de nuevo a ebullición y déjelo cocer, sin tapa, hasta que el pollo esté listo. Tardará unos 15 minutos si se trata de pechugas y 20–25 si son muslos, en función del tamaño. Es mejor cocer las piezas enteras para que no pierdan sabor. Una vez cocido, escurra el pollo y déjelo templar. Desmenuce la carne en trozos del tamaño de un bocado.

Tueste las almendras en una sartén seca o en el horno a 180 °C / potencia 4 de gas durante unos 5 minutos o hasta que empiecen a dorarse. Deles la vuelta un par de veces durante la cocción.

Mezcle los ingredientes del aderezo y salpimiéntelo al gusto.

Añada el pollo al aderezo con los orejones, los lichis y el cilantro y esparza las almendras por encima.

ensalada tibia de jamón ahumado y apio con aliño de mermelada y jengibre

6 raciones

Esta es una ensalada ideal para un día frío de invierno, inspirada en el aliño de mermelada de Sarah Randell, del libro *Marmalade: A Bittersweet Cookbook*. Hemos añadido jengibre para darle calidez y un toque especiado.

La cebada descascarillada es el cereal más indicado para este plato —nos gusta su sabor a frutos secos y su textura—, pero puede sustituirse fácilmente por cualquier otro que se tenga en la despensa. Lo mejor es dejarlo en remojo toda la noche, cosa que hay que tener en cuenta si se va a cocinar esta receta. Sírvala tal cual o con un trozo de naranja amarga para exprimirla por encima. También nos gusta añadir nueces encurtidas a la ensalada.

- 150 g de cebada descascarillada o perlada, farro o quinoa (para una opción sin gluten)
- 1,5 litros de caldo de jamón o 1,5 litros de agua con 1 cucharadita de sal
- 300 g de jamón cocido ahumado
- 4 cebolletas, picadas finas
- 2 ramas de apio con hojas, cortadas finas en diagonal
- un puñado de perejil de hoja lisa, troceado

para el aliño

- raspadura y zumo de 1 limón o 1 naranja amarga, y más al gusto
- zumo de 1 naranja dulce
- 3 cucharadas de aceite de oliva
- 3 cucharadas de mermelada de naranja amarga o de limón
- 4 cucharaditas de raíz de jengibre rallada, y más al gusto
- sal y pimienta negra recién molida

SL SG Si se utiliza quinoa.

Ponga la cebada en remojo la noche anterior en agua fría cubriéndola 5 cm.

Escurra la cebada y póngala en una olla grande. Añada el caldo de jamón o el agua con sal —que debe cubrir el cereal 5 cm— y déjela cocer 15-20 minutos hasta que quede tierna. Si utiliza otro cereal, cuézalo en el caldo o en agua con sal siguiendo las instrucciones del paquete. Escurra el cereal y déjelo templar.

Desmenuce el jamón cocido en trozos del tamaño de un bocado, desechando la piel o la grasa. Póngalo en un bol grande con el resto de ingredientes de la ensalada y el cereal a temperatura ambiente.

Para el aliño, mezcle los ingredientes en un cuenco, cortando los trozos grandes de piel de naranja con unas tijeras, para que la mermelada de naranja se encuentre bien repartida en pequeñas explosiones de sabor. Salpimiéntelo al gusto, y añada más jengibre, zumo de limón o naranja para conseguir un sabor intenso y no demasiado dulce.

Mezcle el aliño con la ensalada y salpimiéntela de nuevo si es necesario. Sírvala a temperatura ambiente al momento. Si no, meta la ensalada al frigorífico hasta el momento de servirla y, de este modo, la cebada absorberá los sabores del resto de ingredientes. Para servirla, caliente la ensalada en el microondas 5 minutos o, cubierta en papel de aluminio, en el horno precalentado a 180 °C / potencia 4 de gas durante 20 minutos.

ensalada de arroz, piña y anacardos con cerdo hula y pimientos asados

6 raciones

Esta es una de las recetas favoritas de mi familia; la paletilla de cerdo bañada en una salsa dulce y pegajosa de piña. Se cocina el cerdo hasta que se deshace para servirlo mezclado con la ensalada de arroz. Esta versión se basa en la de Tieghan Gerard, el apasionado y joven bloguero de www.halfbakedharvest.com, que sirve el cerdo hula con tacos.

La vistosa ensalada es afrutada y crujiente, combina a la perfección con la carne de cerdo y solo precisa un chorrito de aceite. Es buena para comerla sola como opción vegetariana o vegana. Rocíela con el Aliño de soja y jengibre (pág. 18).

para el cerdo

500 ml de zumo de piña
2 cucharaditas de jengibre fresco rallado
2 dientes de ajo grandes, rallados
150 ml de salsa de soja o tamari
150 ml de kétchup
4 cucharadas de vinagre de sidra
1–2 cucharadas de salsa Sriracha u otra salsa picante, al gusto
2–2,5 kg de paletilla de cerdo con hueso
3 pimientos rojos, en 8 tiras largas
2 cucharadas de aceite de oliva virgen extra
sal y pimienta negra recién molida

para la ensalada de arroz, piña y anacardos

300 g de arroz integral
4 vainas de cardamomo, abiertas
1 cucharadita de sal
25 g de coco rallado o en láminas
100 g de anacardos, remojados en agua fría durante al menos 30 minutos o toda la noche si es posible
300 g de piña fresca, cortada en rodajas de 5 mm
2 cucharadas de aceite de coco o de oliva virgen extra
8 cebolletas, cortadas en diagonal, en rodajas de 2 cm
un puñado de hojas de cilantro, troceadas, para servir
un puñado de hojas de perejil de hoja lisa, troceadas, para servir

SL SG

Precaliente el horno a 180 °C / potencia 4 de gas.

Mezcle el zumo de piña, el jengibre, el ajo, la salsa de soja, el kétchup, el vinagre y la salsa Sriracha, y salpimiente la combinación. Si la paletilla viene atada, desátela. Póngala en una cazuela grande y vierta la salsa por encima, embadurnándola bien. Tape la cazuela y cocínela 3–4 horas, según el peso de la pieza, o hasta que esté lista. Unos 30 minutos antes del final del tiempo de cocción, ponga los pimientos en una bandeja, rocíelos con el aceite y salpimiéntelos. Cocínelos hasta que estén dorados.

Retire el cerdo del horno y páselo a una tabla. Vierta la salsa en una jarrita para servir. Con dos tenedores, deshaga la carne en tiras. Esto puede hacerse la víspera. Para recalentar la carne y los pimientos, póngalos en una fuente poco honda resistente al calor con un poco de salsa y cubierta con papel de aluminio. Caliente en el horno precalentado a 180 °C / potencia 4 de gas durante 20–30 minutos o hasta que humeen.

Cueza el arroz, con el cardamomo y sal, según las instrucciones del paquete. Escúrralo y resérvelo.

Mientras, tueste el coco y los anacardos por separado en una bandeja de horno (el coco es de cocción más rápida) hasta que se doren ligeramente. Vigílelos, ya que se queman fácilmente y estarán listos en unos 5 minutos. También puede hacerlo en una sartén.

Tueste la piña bajo el gratinador o en una plancha hasta que se dore, unos 7–10 minutos, y luego déjela templar. Córtela en trozos del tamaño de un bocado, y deseche la parte central dura. Caliente el aceite en una sartén pequeña y cocine las cebolletas 5–7 minutos hasta que se ablanden y luego resérvelas. En cuanto el resto de los ingredientes para el arroz estén a temperatura ambiente, mézclelos con las hierbas aromáticas. Salpimiéntelos al gusto.

Sirva la ensalada de arroz al momento con el cerdo y los pimientos asados, y con el resto de salsa en una salsera. También puede cubrirla y meterla en el frigorífico durante un día. Deje que se temple antes de servirla junto al cerdo y los pimientos.

ensalada de col y frutas con pollo rebozado y crema de chipotle

6 raciones

La perdición de Giancarlo ha sido siempre el pollo rebozado. Al no poder tomar alimentos con gluten, nos propusimos encontrar la manera de saciar su apetito y su pasión por este plato. Esta receta se basa en una de Barry C. Parsons.

Utilizamos una mezcla de hierbas secas y frescas del huerto. Si no las tiene, simplemente, prescinda de ellas. Esta ensalada de fruta es una buena manera de consumir el exceso de manzanas y peras en temporada. La receta también combina bien con la Ensalada de maíz y aguacate (pág. 167).

En primer lugar, mezcle el suero de leche, la mostaza, la sal, la pimienta y el pimentón en un bol. Eche la mezcla dentro de una bolsa grande de plástico (o un recipiente con tapa) con el pollo, y séllelo bien. Deje la bolsa en el frigorífico durante al menos 2 horas, o preferiblemente toda la noche. Dele un par de vueltas a la bolsa para cerciorarse de que el pollo quede bien embadurnado.

Tueste los cacahuetes en una sartén en seco a fuego medio hasta que se doren. Resérvelos para que se templen y luego trocéelos. Mezcle los ingredientes para la ensalada de frutas en un cuenco grande. Salpimiéntela al gusto y añada más vinagre si le apetece.

Prepare la crema de chipotle mezclando los ingredientes y ajustando el picante con más chipotle o más crema agria.

Precaliente el horno a 180 °C / potencia 4 de gas. Forre una bandeja de horno con un tapete de silicona o papel vegetal.

Disponga las hierbas frescas, si las usa, con el ajo sobre una tabla de cortar, y píquelo todo con un cuchillo afilado. Póngalos en un bol con el resto de ingredientes del rebozado. Saque el pollo de la bolsa y pase todos los trozos por la mezcla de rebozado, cubriéndolos bien. Colóquelos sobre la bandeja de horno.

Ahora rocíe los trozos de pollo con aceite en aerosol o con la aceitera, y áselos en el horno unos 20 minutos para una pechuga y 30–40 minutos para trozos con hueso. Para saber si el pollo está hecho, tome la temperatura interior con un termómetro: debe ser de 74 °C. Si no dispone de uno, pinche el trozo más grueso con una brocheta y sabrá que está listo si los jugos salen claros. Sírvalo con la ensalada, la crema de chipotle y unos pepinillos como guarnición.

para el pollo

250 ml de suero de leche
1 cucharada de mostaza de Dijon
1 cucharadita de sal
1 cucharadita de pimienta negra recién molida
1 cucharadita de pimentón
1,5 kg de trozos de pollo con hueso o de pechuga
aceite de oliva en espray o 4 cucharadas de aceite de oliva

para la ensalada de fruta

50 g de cacahuetes sin sal
200 g de col lombarda, en tiras finas
1 manzana, con piel y cortada en tiras finas
1 pera, con piel y cortada en tiras finas
2 ramas de apio, en rodajas finas
2 cucharadas de jalapeño troceado en conserva, escurrido
un puñadito de cilantro fresco, sin tallos
1 cebolla roja pequeña, en láminas finas
2 cucharadas del jugo de los jalapeños o zumo de limón o vinagre
4 cucharadas de aceite de oliva virgen extra
zumo de 1 lima
sal y pimienta negra recién molida

para la crema de chipotle

1 cucharadita de pasta de chipotle
100 ml de crema agria
50 ml de Mayonesa casera (pág. 21) o comprada

para el rebozado

1 cucharadita de hojas de tomillo secas o frescas, separadas de los tallos
2 cucharadas de hojas de salvia secas o frescas troceadas, separadas de los tallos
2 dientes de ajo
100 g de harina blanca o sin gluten
3 cucharadas de orégano seco
1 cucharada de mostaza en polvo
1 cucharada de jengibre molido
1 cucharada de pimentón picante (no ahumado)
2 cucharaditas de sal
1 cucharadita de pimienta negra recién molida
½ a 1 cucharadita de chile en polvo, al gusto

pepinillos cortados a lo largo, para servir

SG

shawarma de pollo, lechuga y cilantro con crema de limón

6 raciones

Shawarma significa «girar» en turco, y este plato se elabora a partir de cortes grasos de carne como los muslos, que giran constantemente alrededor de una fuente de calor, de manera que la carne se asa con los jugos de la piel y la grasa. Nos encanta este pollo que me enseñó a preparar mi hermana Louise; ella lo sirve cortado en tiras y metido en panes de pita calientes con la crema de limón, una sencilla ensalada de lechuga y aceitunas verdes. Si no, se puede preparar como en los puestos de kebab turcos y ofrecer una selección de acompañamientos para que cada cual se monte su plato, como hojas de perejil y menta, salsa picante, chiles encurtidos, Alioli (pág. 21) o Aliño de tahina y limón (pág. 18).

para la marinada

zumo de 2 limones
75 ml de aceite de oliva
5 dientes de ajo, rallados
2 cucharaditas de comino en polvo
3 cucharaditas de pimentón dulce
1 cucharadita de cilantro molido
1 cucharadita de sal
½ cucharadita de pimienta negra recién molida
1 cucharadita de canela en polvo
¼ a ½ cucharadita de copos de guindilla seca, al gusto
½ cucharadita de cúrcuma en polvo

para el pollo

1 kg de muslos de pollo deshuesados con piel
2 cebollas rojas, cortadas en ocho gajos

para la crema de limón

200 ml de crème fraîche
raspadura fina de ½ a 1 limón, al gusto
1–2 cucharaditas de zumo de limón, al gusto

para la ensalada

300 g de lechuga romana, en tiras muy finas
3 cebolletas o una chalota pequeña, en tiras finas
2 cucharadas de cilantro, sin tallos gruesos, troceado
¼ a ½ cucharadita de chile rojo o verde, al gusto (opcional)
zumo de 1 limón
3 cucharadas de aceite de oliva virgen extra
pan de pita (opcional) y aceitunas verdes, para servir
sal y pimienta negra recién molida

SG Si no se utiliza pan de pita.

Mezcle los ingredientes de la marinada en un cuenco grande. Añada el pollo y las cebollas y remueva todo. Tápelo y déjelo reposar en el frigorífico al menos 1 hora, o toda la noche si es posible.

Mientras, prepare la crema de limón mezclando los ingredientes, pruebe el resultado y rectifique la sal y la pimienta. Pase la crema a un bol y resérvela en el frigorífico.

Para cocinar el pollo, precaliente el horno a 220 °C / potencia 7 de gas. Forre una bandeja con un tapete de silicona o papel vegetal.

Disponga el pollo sobre la bandeja, espaciándolo un poco, y luego vierta la salsa sobrante por encima. Ase el pollo 30–40 minutos en el horno o hasta que esté a punto. Para saber si el pollo está hecho por dentro, tome la temperatura interior con un termómetro para carne: debe ser de 74 °C. Si no dispone de uno, pinche el trozo más grueso con una brocheta y sabrá que está listo si los jugos salen claros y no rosados. Saque el pollo del horno y deshágalo con un cuchillo y un tenedor. Si la piel está crujiente, nos gusta mezclarla con la carne.

Prepare la ensalada mezclando los ingredientes en un bol. Alíñela al gusto.

Con cuidado, vierta el aceite de la bandeja en una salsera caliente. Disponga los trozos de pollo sobre una tabla de cortar, con la salsera, la ensalada, la crema de limón, las aceitunas y el pan de pita.

ensalada de pintada y alcachofa con salsa harissa

4–6 raciones

Yo prefiero el sabor más potente de la pintada al del pollo e intento utilizarla siempre que puedo para preparar esta ensalada de inspiración marroquí. Para una versión vegetariana, utilice queso feta en lugar de carne; si desmiga un poco sobre la carne del plato le resultará delicioso. Si encuentra unas alcachofas pequeñas y tiernas, utilícelas, pero nosotros usamos a menudo la versión en conserva. Si solo las encuentra en aceite, lávelas bien para eliminar la marinada. Esta receta se sirve caliente en invierno y a temperatura ambiente en verano, y se puede preparar el día anterior. La salsa harissa es deliciosa, de modo que suelo preparar el doble de cantidad para utilizarla con carnes o verduras asadas.

una lata de 400 g de corazones de alcachofa en conserva, escurridos, o 160 g de alcachofas en aceite, peso escurrido
1 pintada, en 8 trozos, o 6 muslos de pollo sin hueso y con piel
1 berenjena, cortada en dados de 2 cm
1 pimiento rojo, sin semillas y cortado en 8 tiras largas
50 g de tomates deshidratados en aceite, peso escurrido, cortados en tiras de 1 cm
1 cebolla roja, cortada en ocho gajos
100 ml de aceite de oliva virgen extra
200 g de arroz blanco o integral, cebada, quinoa o freekeh
½ cucharadita de hebras de azafrán
30 g de perejil de hoja lisa, sin tallos, troceado
zumo de ½ limón
sal y pimienta negra recién molida

para la salsa harissa
1 cucharadita de semillas de comino
1 cucharadita de semillas de alcaravea
1 cucharadita de semillas de cilantro
1 cucharada de concentrado de tomate
2 cucharadas de aceite de oliva virgen extra
½ a 1 cucharadita de copos de guindilla seca, al gusto
2 cucharadas de zumo de limón

un puñado grande de hojas suaves de ensalada, como canónigos o espinacas, y gajos de limón, para servir

SG

Precaliente el horno a 200 °C / potencia 6 de gas. Lave las alcachofas en agua fría, especialmente si vienen en un aceite de sabor fuerte, y déjelas escurrir. Si no están cortadas, pártalas por la mitad.

Salpimiente la pintada o los trozos de pollo y dispóngalos en una bandeja de horno. Ponga las mitades de alcachofa, la berenjena, el pimiento, los tomates y la cebolla alrededor de la carne y eche 75 ml del aceite. Hornéelo todo 30–40 minutos o hasta que la carne esté lista. Saque la bandeja del horno y deje templar un poco.

Para elaborar la salsa harissa, tueste las semillas en una sartén en seco hasta que empiecen a saltar y suelten su aroma. Retírelas del fuego y muélalas en un mortero o un molinillo para especias. Póngalas en un bol y mézclelas con el resto de los ingredientes para la salsa, salpimiente el resultado y ajuste el sabor a su gusto con los copos de guindilla y el zumo de limón. Reserve la salsa, que puede conservar en el frigorífico hasta una semana si la cubre con aceite de oliva para que quede aislada.

Cocine el arroz, o el cereal elegido, con las hebras de azafrán, según las instrucciones del paquete. Mezcle el arroz o cereal con el perejil, el zumo de limón y el resto del aceite, y páselo a una fuente más grande o tabla de madera.

Disponga la carne y las verduras sobre el arroz y salséelo todo con los jugos de la bandeja del horno. Añada las hojas de ensalada a la fuente con los gajos de limón y sirva el plato con la salsa harissa aparte.

ensalada de pollo y col

6 raciones

Esta ensalada (fotografiada en la pág. 104) es de Susie Jones, una chef camboyana que disfruta incluyendo productos locales en su cocina asiática. En lugar de jícama (un tubérculo de sabor algo afrutado) o mango verde, se puede utilizar colinabo crudo, ciruela ácida o pimiento amarillo. Siempre y cuando el ingrediente sea crudo y comestible, la mayoría de las hortalizas o frutas no maduras funcionan para preparar este aderezo. Lo mismo ocurre con las hierbas: use las que tenga a mano. Si no le queda cilantro, añada más menta.

Para darle un toque especial, añada el zumo de 4 kumquats al aliño en lugar del zumo de limón para aportar un sabor anaranjado. Intente encontrar salsa de pescado vietnamita (también denominada salsa de anchoas) si es posible, ya que es menos picante que la nam pla tailandesa. Esta receta es una buena manera de aprovechar sobras de pollo o pavo cocido, en cuyo caso puede saltarse la cocción de la carne.

2 pechugas de pollo, sin piel y deshuesadas
50 g de cacahuetes de piel roja (con piel)
2 cucharadas de semillas de sésamo
150 g de col de hoja lisa
2 zanahorias medianas
100 g de colinabo o ½ jícama (opcional)
1 pimiento amarillo o un mango verde (opcional)
un puñado grande de hojas mezcladas de albahaca tailandesa, cilantro y menta, troceadas
3 cebolletas, en láminas finas

para el aderezo
6 cucharadas de zumo de lima
4 cucharadas de salsa de pescado vietnamita o 3 cucharadas de nam pla
3 cucharadas de vinagre de arroz
2 cucharadas de miel cruda suave
¼ a ½ chilo rojo picado, al gusto
2 dientes de ajo, picados finos o rallados

SL SG

Hierva el pollo en una olla mediana llena de agua con sal durante 10–15 minutos o hasta que esté listo. Escúrralo y déjelo templar.

Tueste los cacahuetes en seco en una sartén hasta que empiecen a oscurecerse. Póngalos sobre un trapo de cocina limpio para que se enfríen. Doble el trapo y realice un masaje para que se desprendan las pieles. Separe los cacahuetes (no se preocupe si quedan algunas pieles), trocéelos con un cuchillo afilado y resérvelos. Tueste las semillas de sésamo en una sartén en seco hasta que empiecen a saltar y dorarse. Remuévalas a menudo y, cuando estén doradas, retírelas del fuego y páselas a un plato para que se templen.

Mezcle los ingredientes para el aderezo en un bol pequeño.

Corte la col en láminas finas con un cuchillo muy afilado sobre una tabla de cortar. Haga un esfuerzo para que las láminas sean bien finas. Corte las zanahorias, el colinabo y el pimiento en juliana con un cuchillo afilado o un accesorio de cocina a tal fin. Añádalos directamente al aderezo en un cuenco grande para que no se oscurezcan.

Para emplatar la ensalada, mezcle el pollo, la col, los cacahuetes y las hierbas en el bol con el resto de los ingredientes y el aderezo. Dispóngala sobre una bandeja y espolvoree las semillas de sésamo por encima.

variación:
Termine añadiendo ajo y chalotas crujientes de la receta de Ensalada de pomelo con aliño de coco y lima (pág. 158).

ensalada de fruta y pato asado con marinada de cinco especias

2–4 raciones

Comimos esta ensalada de pato tierno y especiado en el bello restaurante Y Thao Garden en Hue, Vietnam, y suplicamos a la propietaria que nos diera la receta. No podía creer lo fácil que era, y ella nos insistió en equilibrar bien las frutas dulces con las ácidas. Si no dispone de albaricoques, utilice otra fruta de dulzura media, como las uvas, el melocotón o las ciruelas. Sírvala con gajos de lima, para exprimirlos en el platito que contiene pimienta negra y sal, y con otro platito con trocitos de piña y chile en polvo (pág. 104–105).

2 pechugas de pato deshuesadas con piel

para untar el pato

1 cucharada de polvo de cinco especias chinas
1 cucharadita de azúcar glas
½ cucharadita de sal
2 dientes de ajo pequeños o uno grande, picados finos

para el aliño

½ ración de Aliño de soja y jengibre (pág. 18)

para la ensalada de fruta

arilos de ½ granada
1 kiwi firme o 1 mango verde, pelado y en rodajas de 0,5 cm
2 albaricoques, con piel y en láminas finas
1 aguacate verde y duro, en láminas finas
un buen puñado de hojas de menta, sin tallos, troceadas
un puñadito de estragón, sin tallos, troceado
un puñadito de cilantro, sin tallos, troceado
1 tallo de hierba limón, cortado fino

SL SG

Disponga las pechugas de pato en un plato llano. Mezcle los ingredientes para untarlo en un cuenco pequeño y embadurne el pato. Tápelo y resérvelo para que marine 1 hora en el frigorífico.

Saque el pato del frigorífico y póngalo en una sartén fría antiadherente y completamente seca con la piel abajo. Cocínelo a fuego medio 10 minutos o hasta que la piel esté crujiente, dele la vuelta a las pechugas y cocínelas 3–5 minutos más hasta notarlas firmes al tacto. Retire las pechugas de la sartén y déjelas reposar sobre un plato tibio (no caliente) en un lugar cálido durante 10 minutos.

Mezcle los ingredientes de la ensalada de fruta con cuidado, en un cuenco grande, con el aliño, y dispóngalos en una fuente para servir. Corte el pato en lonchas de unos 5 mm de grosor, con la piel. Sírvalo caliente al momento sobre la ensalada.

ensalada de confit de pato, patatas crujientes y ajo

4–6 raciones

Nos encanta comprar latas de confit de pato cuando las encontramos. Las marcas francesas son las mejores y resultan ideales para usar las sobras otro día. Esta ensalada es de nuestra buena amiga Joe Mosse, que vive en Lyon. Prepara esta receta untuosa con ajo para alimentar a su marido francés Loic y a sus hijos adolescentes cuando no tiene nada fresco, y le encanta utilizar hierbas de su huerto. Nuestro consejo es que esconda las crujientes patatas a los adolescentes cuando estén listas o no le quedará ninguna para la ensalada.

una lata de 1,2 kg de confit de pato, con 4–6 trozos con grasa
1,25 kg de patatas viejas grandes, cortadas en dados de 3 cm
2 ramas grandes de romero
8 dientes de ajo, con piel, chafados
250 g de espinacas baby o berros, o una mezcla de ambos
un puñado bien grande de hierbas verdes suaves variadas, como perejil de hoja lisa o rizada, estragón, hojas de ajo de oso, cebollino, perifollo u hojas de tomillo
sal y pimienta negra recién molida

para la vinagreta de mostaza
2 cucharadas de vinagre de vino tinto
3 cucharadas de aceite de oliva virgen extra
½ a 1 cucharadita de miel cruda suave o jarabe de arce
1 cucharada de mostaza de Dijon
1 diente de ajo pequeño, picado fino

SL SG

Precaliente el horno a 200 °C / potencia 6 de gas.

Meta la lata (sin abrir) en un bol con agua muy caliente durante 10 minutos. Así se derretirá la grasa y le resultará más fácil extraer los trozos de pato. Saque la lata del bol y ábrala. Extraiga los trozos de pato y dispóngalos sobre una bandeja de horno con la piel boca arriba, reservando la grasa para después. Ase el pato 15–20 minutos o hasta que esté muy caliente y la piel quede crujiente. Retire la bandeja del horno y resérvela en un lugar cálido, cubierta holgadamente con papel de aluminio.

Mientras, ponga las patatas, el romero y los dientes de ajo sobre otra bandeja de horno con 200 ml de la grasa del pato por encima y salpimiéntelos generosamente. Hornéelo todo 40–45 minutos o hasta que las patatas estén crujientes y doradas.

Prepare la vinagreta mezclando los ingredientes en un tarro con tapa.

Retire las patatas del horno y elimine la mayor parte de la grasa. Separe los ajos, ponga la pulpa sin piel en una fuente caliente, cháfelos y mézclelos con las patatas. Resérvelas en un lugar caliente.

Con dos tenedores, desmenuce la carne de pato y corte la piel. Añada la carne a las patatas. Agregue las espinacas y las hierbas, y mézclelo todo bien con la vinagreta. Pruébelo y rectifique la sal y la pimienta si es necesario.

ensalada arco iris con ternera coreana envuelta en lechuga

4–6 raciones

Este plato se basa en la receta de bulgogi, un plato coreano que consiste en carne de ternera a la barbacoa elaborada tradicionalmente con trozos grandes de redondo cortado fino. Pida a su carnicero que le corte la carne o compre su pieza favorita y córtela en tiras finas. Tradicionalmente, la ternera se envuelve en una hoja de lechuga y se sirve con acompañamientos como arroz hervido, chiles y cebolletas. Si dispone de Kimchi casero (pág. 174), sírvalo también. Nos gusta mucho con esta ensalada arco iris, saludable, crujiente y muy apetecible.

750 g de solomillo o redondo de ternera cortado en rodajas muy finas
1 cucharada de semillas de sésamo
8–12 hojas de lechuga para servir, tipo romana, Bibb, Butterhead o Napa, limpias y sin tallos duros o amargos
4 cebolletas, cortadas finas en diagonal, para servir

para la marinada
6 cebolletas, troceadas
5 dientes de ajo, pelados y limpios
un trozo de 2 cm de jengibre fresco, pelado y troceado
4 cucharadas de salsa de soja
2 cucharadas de miel cruda suave o jarabe de arce
1 cucharadita de aceite de sésamo tostado
¼ a ½ chile rojo, troceado, al gusto

para la ensalada arco iris
50 g de cacahuetes
100 g de col lombarda o de hoja lisa, en tiras finas
1 pimiento rojo, en juliana
1 zanahoria mediana, en juliana
3 cebolletas, en juliana
8 rábanos, en rodajas finas
1 rama de apio, en rodajas finas
10 g de cilantro, sin tallos, troceado

1 ración de Aliño de soja y jengibre (con mantequilla de cacahuete, pág. 18)

SL SG

Corte la carne en tiras de unos 5 mm y dispóngalas en un plato llano. Triture los ingredientes de la marinada en un robot de cocina hasta que quede una mezcla suave. Vierta la marinada sobre la carne y déjela reposar al menos 1 hora o tapada toda la noche en el frigorífico.

Tueste los cacahuetes en seco en una sartén, a fuego medio, hasta que se doren. Retírelos del fuego y trocéelos con un cuchillo. Resérvelos y déjelos templar.

Tueste en seco las semillas de sésamo para el filete en una sartén hasta que salten y se doren, removiéndolas a menudo. Páselas a un plato para que se templen.

Prepare el aliño según la receta de la página 18.

Prepare la ensalada mezclando los ingredientes; incorpore un poco de aliño y dispóngala en una bandeja grande. Sirva el resto del aliño en una salsera para que los comensales mojen los rollitos.

Cuando vaya a cocinar la carne, caliente una sartén grande, plancha o calientaplatos al máximo. Con pinzas o palillos, disponga encima las tiras de ternera y cocínelas de 30 segundos a 1 minuto por cada lado, o a su gusto, dándoles la vuelta una vez. Deseche la marinada sobrante. Sirva la carne al momento con las semillas de sésamo por encima, junto a la ensalada, las hojas de lechuga y las cebolletas.

ensalada mexicana con ternera

6–8 raciones

Esta ensalada picante y crujiente puede hacerse con carne sobrante de un asado, con falda de ternera o con un par de filetes rápidos cocinados en el último momento. Yo prefiero la receta con un tipo de lechuga crujiente pero, en realidad, cualquiera funciona con la ternera picante. Si tiene poca carne, o prefiere el plato sin ella, desmigue queso feta por encima de la ensalada al final y tómela con Guacamole (pág. 182), con La salsa más alegre (pág. 59) y tortillas crujientes o con pan de masa madre tostado.

para el aliño

zumo de ½ limón o 1 lima
3 cucharadas de un aceite de oliva virgen extra de calidad
1 diente de ajo, picado fino
½ a 1 chile rojo o verde, al gusto, en rodajas finas
sal y pimienta negra recién molida

para la ensalada

300–500 g de ternera cocida, en trozos del tamaño de un bocado
100 g de pepino, pelado, sin semillas y cortado en dados de 1,5 cm
1 lechuga romana grande o 4 cogollos, cortados en trozos del tamaño de un bocado
40 g de rábanos, en rodajas finas
100 g de tomates, limpios, sin semillas y cortados en trozos del tamaño de un bocado
1 cucharada de alcaparras, en sal o salmuera, escurridas y aclaradas con agua
1 pimiento rojo o amarillo, cortado en tiras de 1 cm
un puñadito de cilantro o perejil de hoja lisa, sin tallos y troceado

SL SG

Mezcle los ingredientes del aliño en un bol y rectifique la sal y la pimienta.

Ponga los ingredientes de la ensalada en un cuenco y mézclelos con el aliño. Sírvala al momento.

tagliata de filete con salsa verde, cebolla tierna y tomate

4 raciones

Las deliciosas e intensas salsas verdes tienen siglos de antigüedad. Las hierbas varían desde el perejil a combinaciones de menta y perejil, cilantro, estragón o perifollo, por lo que está bien experimentar para hallar nuestra mezcla favorita. La salsa verde se conserva hasta 5 días en el frigorífico; utilícela con patatas nuevas, cordero asado o pescado blanco.

La ternera puede asarse a la barbacoa con las cebolletas o bien cocinarse a la plancha. Nos gusta utilizar filete de ternera de pasto libre y 28 días de maduración o darnos el capricho de un chuletón —cerciórese de que conserva una parte de grasa suficiente para proporcionarle jugosidad durante la cocción—. Busque una pieza de aspecto marmolado con muchas venitas de grasa entre la carne para que no quede seca. En nuestros restaurantes la servimos sobre una tabla de madera rodeada de la Ensalada de tomate con vinagreta agridulce de cebolla (pág. 139), pan de masa madre y una salsera con más salsa.

para la salsa verde

100 ml de aceite de oliva
15 g de perejil de hoja lisa, con tallos
15 g de hojas de menta, sin tallos
1 cucharada de alcaparras, en sal o salmuera, escurridas y aclaradas con agua
5 filetes de anchoa en aceite, escurridos
1 cucharada de zumo de limón
1 diente de ajo
sal y pimienta negra recién molida

para la ensalada

6 cebolletas gruesas o 12 finas
2 puñados grandes de hojas de ensalada, como berros, espinacas baby o lechuga blanda redonda, troceadas
4 rábanos, en rodajas finas
1 cucharada de zumo de limón
2 cucharadas de aceite de oliva virgen extra

para la carne

4 filetes de solomillo de 200 g (2 cm de grosor) o una pieza de 800 g de chuletón

SL SG

Primero prepare la salsa verde triturando los ingredientes en un robot de cocina. Rectifique la sal y la pimienta y resérvela.

Unte ligeramente las cebolletas con aceite de oliva y áselas en la barbacoa o la plancha 2–4 minutos hasta que se ablanden y ennegrezcan algo. Resérvelas en un plato caliente.

Salpimiente la carne sin miedo y, con la mano, haga penetrar la sazón en la carne con un masaje. Caliente la barbacoa o la plancha de modo que al acercar la palma de la mano, el calor le obligue a retirarla. No cocine más de dos piezas a la vez o soltarán demasiado líquido y se hervirán en lugar de freírse. Para el chuletón o un solomillo grueso, utilice unas pinzas a fin de mantenerlo sobre la superficie caliente con la parte de la grasa abajo. Cocínelo 3–4 minutos para que la grasa crepite y se deshaga. Mueva la pieza para que toda la grasa entre en contacto con el calor.

Ahora dele la vuelta a la carne y cocine el chuletón 6–8 minutos por cada lado. Quedará dorado por fuera pero muy poco hecho en el interior. Si se trata de un solomillo, fríalo 1 ½ minutos por lado para que quede muy poco hecho, 2 minutos por lado para que quede poco hecho y 2 ½ minutos para que quede al punto. Déjelo reposar el mismo tiempo que lo ha estado cocinando.

Mezcle las hojas de ensalada y los rábanos con el zumo de limón y el aceite, y dispóngalos sobre una tabla de madera o en un cuenco.

Una vez reposada la carne, córtela en lonchas de 1 cm de grosor. Espolvoree unas escamas de sal por encima y sírvala sobre la tabla con las cebolletas y la ensalada. Vierta un poco de salsa verde sobre la carne y sirva el resto en una salsera.

ensalada griega de pollo al limón, cereales y feta con tzatziki

6 raciones

A veces apetece una ensalada sustanciosa como plato único, que incluya todos los ingredientes de la buena alimentación: abundantes hortalizas, crujientes pimientos crudos y montones de sabor. También es una buena manera de aprovechar las sobras de pollo o pavo cocinado. Sirva esta receta con tzatziki y ensalada de tomate. Esta manera de preparar la salsa de yogur y pepino es de nuestra amiga Anne Hudson, y la aprendió cuando vivía en Grecia. También se puede disfrutar del tzatziki con pan o para mojar hortalizas.

para el tzatziki

125 g de pepino, con piel, rallado grueso
150 g de yogur griego cremoso
1 diente de ajo pequeño, rallado fino
1 cucharada de eneldo picado
2 cucharaditas de vinagre de vino blanco o tinto
1–2 cucharadas de aceite de oliva virgen extra
sal y pimienta negra recién molida

para la ensalada

200 g de cereales, como cebada, granos de trigo, farro, quinoa o arroz integral
600 ml de caldo de pollo
4 cucharadas de aceite de oliva virgen extra
1 cebolla blanca mediana, picada fina
3 dientes de ajo, picados finos
¼ a ½ cucharadita de copos de guindilla seca o chile fresco, al gusto
450 g de pollo o pavo cocido, en trozos del tamaño de un bocado
2 cucharaditas de orégano seco
raspadura y zumo de 1 limón
1 pimiento rojo o verde, sin semillas y troceado
un puñado de perejil de hoja lisa, sin tallos, troceado
75 g de queso feta, desmenuzado
un puñado de berros o espinacas baby
1 limón, en gajos, para servir

SG Si se utiliza quinoa o arroz integral.

Para preparar el tzatziki, sale un poco el pepino con ¼ de cucharadita de sal y déjelo escurrir unos 30 minutos. Presiónelo con las manos para que suelte el agua pero no lo aclare. Mézclelo con el resto de los ingredientes del tzatziki; el aceite puede hacerlo demasiado líquido, por lo que es mejor añadir poco si se desea una salsa para mojar y más si se utiliza como aliño. Pruébelo y rectifique la sal y la pimienta si es necesario. Guárdelo en el frigorífico hasta el momento de servirlo.

Cocine los cereales en el caldo de pollo con un poco de sal, según las instrucciones del paquete. Escúrralos y resérvelos.

Mientras, caliente el aceite en una sartén grande y cocine la cebolla a fuego medio hasta que se ablande. Tardará unos 7–10 minutos. Agregue el ajo y la guindilla seca o el chile, y continúe friéndolo todo durante 1 minuto más. Añada el cereal cocido, el pollo, el orégano, la raspadura y el zumo de limón, la sal y la pimienta y remuévalo. Pruebe el resultado y rectifique la sal, la pimienta y el limón. Retírelo del fuego e incorpore el pimiento y el perejil.

Páselo a una fuente para servir. Ahora puede refrigerar el plato (hasta una hora después de cocer el arroz, si lo emplea) y conservarlo hasta el día siguiente. Para servirlo, deje que la ensalada adquiera la temperatura ambiente (a menos que utilice arroz, en cuyo caso, sírvala fría) y eche por encima el queso feta desmenuzado y los berros. Sírvalo con el tzatziki y los gajos de limón.

4

ensaladas de mar

ensalada de arroz salvaje y hierbas con sardinas a la plancha

4-6 raciones

Esta receta está inspirada en unas sardinas a la plancha que disfrutamos a bordo de un barco en el Bósforo, Estambul. Las tomamos dentro de un bocadillo con cebolla, perejil de hoja lisa y zumo de limón, envuelto en papel de periódico. Hemos incorporado aquellos sabores para la ensalada de arroz con hierbas que acompaña las sardinas, que está aún mejor con una cucharada de Mayonesa casera (pág. 21).

4-6 sardinas, en filetes y escamadas

para la ensalada

300 g de arroz salvaje e integral
1 cebolla roja pequeña, picada fina
2 cucharadas de hojas de tomillo
30 g de hojas de perejil de hoja lisa, troceadas
1 rama de apio, más un puñado de hojas de apio, picadas
3 cucharadas colmadas de albahaca troceada
50 g de filetes de anchoa en aceite, escurridos y troceados
12 aceitunas verdes rellenas de chile, partidas por la mitad, ó 12 aceitunas verdes y ½ cucharadita de copos de guindilla seca

para el aliño de limón

4 cucharadas de zumo de limón (aproximadamente 1 limón grande)
1 cucharadita de raspadura de limón, rallada fina
8 cucharadas de aceite de oliva virgen extra
1 cucharadita de mostaza de Dijon
sal y pimienta negra recién molida

SL SG

Cocine el arroz en abundante agua hirviendo con sal en una olla mediana. Tardará unos 25 minutos. Escúrralo y extiéndalo sobre un plato para que se enfríe rápido. Guárdelo en el frigorífico en menos de una hora para evitar intoxicaciones.

Mientras, remoje la cebolla troceada en agua fría 10-20 minutos.

Mezcle los ingredientes del aliño en una salsera, remuévalos y salpiméntelo al gusto. Ponga los ingredientes de la ensalada en un bol y mézclelos con el aliño. Pruebe y rectifique la sal, la pimienta, la guindilla y el zumo de limón, si es necesario.

Salpimiente los filetes de sardina por ambos lados y cocine sobre una plancha caliente o en la barbacoa hasta que estén en su punto y firmes al tacto, dándoles la vuelta una vez durante la cocción. Páselas directamente de la plancha a la ensalada.

ensalada de salmón, espárragos y guisantes con aliño de berros

6 raciones

Este plato inglés de salmón rosado hervido en contraste con una selección de hojas de ensalada verdes resulta indicado para un día soleado de primavera. Es de fácil elaboración, y el pescado y el aliño pueden prepararse con antelación, de modo que es ideal cuando se tienen invitados.

750 g de filete de salmón o la mitad de un salmón pequeño, con piel y sin espinas
2 cucharadas de vino blanco
un puñadito de guisantes germinados
sal y pimienta negra recién molida

para el aliño
1 chalota, picada fina
1 cucharada de aceite de oliva virgen extra
100 g de berros
200 ml de crème fraîche

para la ensalada
12 espárragos, sin los extremos leñosos
300 g de guisantes frescos
un puñadito de eneldo, sin tallos
un puñadito de hojas de menta, troceadas
un puñadito de hojas de estragón, sin tallos
un puñado de berros
½ pepino inglés, pelado y en rodajas finas
zumo de ½ limón
2 cucharadas de aceite de oliva virgen extra

SG

Precaliente el horno a 180 °C / potencia 4 de gas.

Ponga el salmón sobre un papel vegetal grande, mójelo con el vino, salpimiéntelo y cierre los extremos del papel formando un paquete; luego cocínelo 20-25 minutos o hasta que el pescado esté listo. Sáquelo del horno y déjelo templar mientras prepara el resto de los ingredientes. Cuando esté lo bastante frío para tocarlo, retire la piel y desmenuce el pescado.

Hierva los guisantes y espárragos o cuézalos al vapor: unos 10 minutos los guisantes y 5-8 minutos los espárragos. Moje las verduras con agua fría para que se enfríen rápido y conserven su color.

Mientras, prepare el aliño friendo la chalota en el aceite con sal y pimienta en una sartén pequeña a fuego suave hasta que se ablande, pero sin que tome color. Retírela del fuego, déjela templar y tritúrela junto con los berros. Añada la crème fraîche y tritúrela hasta que se mezcle bien. Salpimiéntelo al gusto.

Ponga las hortalizas y hierbas de la ensalada en un bol grande, vierta el zumo de limón y el aceite de oliva y dispóngala alrededor de una bandeja. Coloque el salmón encima, en el centro, y vierta el aliño por encima o sírvalo aparte. Esparza los guisantes germinados sobre el salmón.

langostinos picantes con ensalada de pepino

4 raciones

Los carnosos, rosados y picantes langostinos, combinados con los fideos blancos y el cilantro en salsa de mantequilla: ¿cómo no va a gustar este plato? A mi cuñado Robbo le encanta cocinarlo cuando viene a casa. Él y mi hermana Carly son aficionados a los sabores tailandeses pero como viven en España parte del tiempo, se inspiraron en las gambas al pilpil, y de ahí surge esta combinación exquisita y decadente.

Robbo sirve los langostinos y pimientos con pan crujiente para mojar la salsa, pero nosotros añadimos fideos de arroz para los miembros celíacos de la familia. De ambas maneras está delicioso.

360 g de langostinos grandes, pelados
zumo de 2 limas
300 g de fideos de arroz (opcional)
100 g de pepino (aproximadamente 1/3 de un pepino inglés), pelado y cortado en cintas con un pelador o un espiralizador
1 pimiento rojo, sin semillas y en tiras de 1 cm
un puñado de hojas de cilantro, sin tallos duros
50 g de mantequilla
3 cucharadas de aceite de oliva
20 g de raíz fresca de jengibre, pelada y rallada
1/2 a 1 chile rojo, al gusto, en rodajas finas
5 dientes de ajo grandes, rallados o picados
sal y pimienta negra recién molida

SG

Si los langostinos presentan intestino a lo largo de la parte posterior, practique un corte superficial con un cuchillo afilado, extráigalos y deséchelos. Si no se ve nada, deje los langostinos intactos. Póngalos en un cuenco con el zumo de lima, salpimiéntelos y déjelos marinar 10 minutos.

Si los utiliza, cueza los fideos según las instrucciones del paquete. Aclárelos bajo un chorro de agua fría, escúrralos bien y póngalos en un bol.

Coloque el pepino, el pimiento y el cilantro en una fuente grande.

Caliente la mantequilla y el aceite en una cazuela mediana y, cuando alcance la temperatura adecuada, añada el jengibre, el chile y el ajo. Déjelos cocer un par de minutos o hasta que suelten su aroma. Incorpore los langostinos y cocínelos 3–4 minutos hasta que estén rosados. Retírelos con una espumadora y resérvelos en un bol caliente.

Ahora añada los fideos a la cazuela con la salsa de mantequilla y remuévalos para que se impregnen de ella. Viértalos en una fuente con el pepino y añada los langostinos. Con unas pinzas, mezcle la ensalada, pásela a una bandeja grande caliente y sírvala al momento.

ensalada de cangrejo y apio con buñuelos de cangrejo

6 raciones

Esta receta soluciona el problema de qué hacer con la carne marrón cuando se compra cangrejo. Puede congelarla y rebozarla con pan rallado, y luego freírla justo antes de servirla. El cangrejo se deshace en el interior y se vuelve suave y cremoso; con un chorrito de limón resulta delicioso. Nos gusta servir este plato en salseras antiguas.

para los buñuelos
100 g de carne marrón de cangrejo
1 huevo
4 cucharadas de harina blanca o sin gluten
4 cucharadas de pan rallado integral o sin gluten
750 g de aceite de girasol o de frutos secos, para freír

para la ensalada
300 g de carne blanca de cangrejo
1 aguacate grande, pelado, sin hueso y en láminas
1 rama de apio grande, en rodajas finas diagonales
1 cucharada de hojas de apio, picadas (opcional)
un puñadito de hojas de perejil de hoja lisa, troceadas
2 cucharadas de zumo de limón
4 cucharadas de aceite de oliva virgen extra
sal y pimienta negra recién molida
gajos de limón y rúcula, para servir

SL SG

Para los buñuelos, forme quenelles (croquetas, del tamaño de un huevo de codorniz) de la carne marrón con ayuda de dos cucharitas. Con una cucharita, retire la masa recogida con la otra y deposítela en forma de croqueta sobre una bandeja; repita la operación hasta agotar toda la carne de cangrejo: saldrán unas 12 quenelles. Meta la bandeja en el congelador durante un par de horas. Esto puede hacerse hasta con 2 días de antelación.

Prepare tres cuencos separados con los ingredientes del rebozado y en el siguiente orden: el huevo, la harina y el pan rallado. Pase las quenelles congeladas de cangrejo por cada uno de ellos para rebozarlas. Vuelva a depositarlas en la bandeja y congélelas de nuevo como mínimo 30 minutos. Trabaje deprisa, ya que es mejor que el cangrejo no se descongele durante este proceso. Ahora los buñuelos están listos para freír justo antes de servirlos.

Mezcle la carne de cangrejo blanca, el aguacate, el apio –y sus hojas, si las utiliza–, y el perejil en un cuenco con el zumo de limón y el aceite. Salpimiente al gusto. Sírvalos en platos y manténgalos refrigerados hasta el momento de servirlos.

Caliente el aceite en una freidora o una sartén honda hasta que esté lo bastante caliente para hacer burbujear una miga de pan. Saque los buñuelos del congelador y fríalos en la sartén de 4 en 4. Se fríen en solo un minuto, luego sáquelos con una espumadora y déjelos sobre papel de cocina. Repita la operación con el resto de los buñuelos. Sírvalos al momento junto a la ensalada con una pizca de sal, un gajo de limón y unas hojas de rúcula.

ensalada de lubina, pepino e hinojo marino con aliño de albahaca

4–6 raciones

Selin Kiazim es un chef instalado en Londres que cocina de maravilla los alimentos tradicionales de su tierra turca.

Me encanta esta vistosa ensalada verdiblanca que equilibra el suave pescado a la perfección con un aliño de albahaca y hortalizas crujientes. Si le cuesta encontrar hinojo marino, utilice en su lugar unas judías verdes finas cocidas. El pescado puede cocinarse a la plancha o a la barbacoa. La ensalada es exquisita como primer o segundo plato, sola o con pan rústico, con Kabsa de quinoa (pág. 164) o Ensalada de cereales antiguos (pág. 157).

para el aliño de albahaca

un puñado de albahaca, sin tallos
un puñadito de perejil de hoja lisa, sin tallos
1 diente de ajo pequeño
zumo de 1 limón
3 cucharadas de aceite de oliva virgen extra
sal y pimienta negra recién molida

para la ensalada

1 cucharada de aceite de oliva virgen extra
4 filetes de lubina de 150 g, sin espinas ni piel
un puñado grande de hojas de ensalada crujientes, como lechuga romana, mezclado con rúcula o berros
un puñadito de perejil de hoja lisa, sin tallos
150 g de hinojo marino o rúcula, sin tallos gruesos
1 pepino, pelado, sin semillas y cortado en tiras finas

SL SG

Para el aliño, triture en una batidora la albahaca, el perejil, el ajo, el limón, el aceite de oliva, la sal y la pimienta hasta obtener una textura suave. Resérvelo.

Eche el aceite de oliva en una sartén antiadherente y caliéntela un poco. Salpimiente la lubina y cocínela un minuto por cada lado o hasta que esté lista. Retírela del fuego, dispóngala en una bandeja y resérvela.

Desmenuce los filetes de pescado con cuidado en trozos de 5 x 3 cm. Riéguelos, con una cuchara, con parte del aliño y déjelos reposar unos 20 minutos. Si no, puede aliñar el pescado y mantenerlo en el frigorífico toda la noche para que el sabor lo impregne bien.

Para montar la ensalada, ponga las hojas, el perejil, el hinojo marino, el pepino y la lubina con el resto del aliño en un cuenco. Salpimiéntela, remuévala suavemente y sírvala.

sabores vietnamitas

Ensalada de pollo y col (arriba izquierda: pág. 81); Rollitos de primavera vietnamitas (centro izquierda: pág. 55); Trocitos de piña y chile en polvo con sal (abajo izquierda: pág. 82); Ensalada tailandesa con langostinos, zanahoria y cilantro (centro: pág. 54); Ensalada de pomelo con aliño de coco y lima (arriba derecha: pág. 158); Ensalada de fruta y pato asado con marinada de cinco especias (abajo derecha: pág. 82).

ensalada nizarda con judías verdes y tomates secos

4–6 raciones

Esta es una de nuestras recetas recurrentes, dado que normalmente disponemos de todos los ingredientes en la despensa y judías en el frigorífico. Nos gusta mucho más elaborarla con atún de captura sostenible en agua o los maravillosos filetes de atún en aceite de oliva disponibles en las tiendas especializadas. El atún fresco no puede competir con los intensos sabores umami de la anchoa, el tomate seco y las aceitunas.

Elija las aceitunas con cuidado; nuestras favoritas son las kalamata, de color marrón purpúreo, que se deshuesan fácilmente dándoles un golpe con la hoja plana de un cuchillo de cocina.

300 g de patatas nuevas
250 g de judías verdes largas
4–6 huevos
3 cebolletas o 1 cebolla roja pequeña, en láminas finas
una lata de 160 g de atún de captura sostenible en agua o en aceite, escurrido (peso escurrido 112 g) y desmenuzado
1 rama grande de apio, picada fina
40 g de tomates secos en aceite, peso escurrido, troceados
12 aceitunas de calidad, sin hueso y partidas por la mitad
1 cucharada de alcaparras, escurridas y lavadas
una lata de 50 g de filetes de anchoa en aceite, escurridos
1 ración de Vinagreta clásica (pág. 20), para servir

SL SG

Cocine en una olla grande las patatas enteras con piel en abundante agua hirviendo con sal hasta que estén tiernas. Escúrralas y déjelas templar. Cocine las judías en otra olla mediana con agua hirviendo con sal. Nosotros las hervimos 15–20 minutos, a la italiana, para que queden suaves y dulces, pero puede dejarlas crujientes si lo prefiere. Escúrralas y déjelas templar.

Hierva los huevos y en cuanto estén duros (8 minutos) rompa las cáscaras y páselos bajo un chorro de agua fría para evitar la coloración azulada alrededor de las yemas. Pélelos y resérvelos.

Cuando las patatas estén frías, córtelas por la mitad y dispóngalas en una fuente grande para ensalada. Remoje la cebolleta en agua fría durante 10 minutos para que no pique, escúrrala y añádala a la fuente. Corte las judías por la mitad y agréguelas a la fuente con el resto de los ingredientes, excepto los huevos.

Mezcle el aliño con la ensalada. Corte los huevos por la mitad y añádalos.

variaciones y adiciones

Utilice huevos de codorniz en lugar de huevos de gallina. O añada trocitos del tamaño de un bocado de aguacate u hojas de lechuga romana, berros, rúcula o espinacas baby.

bol de ensalada japonesa de salmón

6 raciones

«La cocina japonesa se basa en la combinación de texturas: los bordes crujientes del pepino son importantes, al igual que las tiernas zanahorias, el salmón en capas y el consistente arroz integral», nos explica nuestra amiga chef Reiko Hara. El aspecto de los alimentos, nos dice, también es muy importante: todo debe cortarse de manera uniforme, pues se come primero con la vista.

Reiko nos enseñó algunas técnicas japonesas para elaborar ensaladas. Ella cree que la comida no solo sirve para vivir, sino que debe enriquecer la vida. Pensamos lo mismo y nos divierte mezclar sus recetas con las nuestras para obtener una selección de ensaladas que servimos juntas para compensar sabores y texturas.

Nuestro bol de ensalada se basa en las cajas bento, en la idea de tomar pequeñas cantidades de una gran variedad de alimentos. Nos gusta servir el salmón con todas o una combinación de estas recetas: Arroz integral a la japonesa (a continuación), Pepinos encurtidos de Reiko, Zanahorias con sésamo al wok con salsa picante y Ensalada de alga wakame (pág. 110–111).

125 ml de salsa tamari (para una opción sin gluten) o de soja
125 ml de sake
2 cucharadas de jarabe de arce
400 g de filete de salmón, con piel

SL SG Si se utiliza salsa tamari.

Caliente la salsa tamari, el sake y el jarabe de arce juntos en una cazuela hasta que el jarabe se disuelva. Retire el resultado del fuego, viértalo en un bol y resérvelo. Meta los filetes de salmón en una bolsa de plástico con cierre o en un recipiente de plástico y vierta la marinada. Ponga la bolsa en un cuenco dentro del frigorífico entre 2 horas y un día para que los sabores se intensifiquen. Dele la vuelta a la bolsa o el recipiente un par de veces durante este tiempo para que el líquido se distribuya uniformemente.

Saque el salmón de la bolsa y deseche la marinada. Seque el salmón dando toquecitos con papel de cocina. Caliente la plancha a temperatura media. No es necesario añadir aceite al pescado. Áselo a la plancha, con la piel hacia arriba, hasta que esté crujiente, dele la vuelta y áselo por el otro lado hasta que quede tierno por dentro. Retírelo del fuego y sírvalo al momento.

arroz integral a la japonesa

6 raciones

No es estrictamente a la japonesa, sino que se trata de una invención de nuestro hijo Flavio. Simplemente mezcla salsa de soja y jengibre encurtido picado con el arroz. Posee el dulzor del jugo del encurtido, el sabor salado de la soja y los trocitos consistentes de jengibre.

500 g de arroz integral cocido
1 cucharada de salsa de soja o tamari (para una opción sin gluten)
2 cucharadas de jengibre para sushi, picado
4 cucharadas del jugo del jengibre encurtido
1 hoja de alga nori (opcional)

SL SG V Ve Si se utiliza salsa tamari.

Mezcle el arroz mientras esté caliente o a temperatura ambiente con la salsa de soja, el jengibre y el jugo al gusto. Ponga la hoja de alga nori bajo el grill para que quede crujiente y desmenúcela sobre el arroz para servir el plato.

pepinos encurtidos de Reiko

6 raciones

Como parte de cualquier comida japonesa, siempre debe haber una hortaliza aliñada con vinagre. Puede utilizar pepino libanés, más firme y con menos semillas, por lo que no es necesario quitarlas, o pepino inglés, que debe cortar por la mitad a lo largo y retirar las semillas con una cuchara. Reiko nos dijo que es importante eliminar el agua de los ingredientes de la ensalada para que no sea acuosa.

150 g de pepino libanés o inglés
1 ½ cucharaditas de sal, y más para rebozar el pepino
100 ml de vinagre de arroz japonés
70 g de azúcar glas

SL SG V Ve

Para que la piel no resulte amarga y para limpiarlo, haga rodar el pepino sobre un lecho de sal encima de una tabla. Córtelo por la mitad a lo largo, elimine las semillas con una cuchara si es pepino inglés, y trocéelo en medias rodajas de unos 5 mm de grosor. Póngalas en un colador con una ligera capa de sal por encima y déjelas escurrir.

Eche el vinagre, el azúcar y 1 ½ cucharaditas de sal con 175 ml de agua en una sartén y caliéntelos para que se disuelva el azúcar. Luego retírelo del fuego, viértalo en un bol y déjelo templar.

Añada el pepino y déjelo en remojo 10 minutos (no más, o se pondrá mustio). Sáquelo del bol y escúrralo bien. Sírvalo al momento o consérvelo en el frigorífico un par de días.

zanahorias con sésamo al wok con salsa picante

6 raciones

Esta receta la desarrolló nuestro hijo Flavio, a quien le encantan las zanahorias y los sabores asiáticos, y se inspira en la zanahoria kinpira japonesa y la ensalada de bardana. Se puede tomar al momento o prepararse con antelación. No es necesario acompañarla con comida japonesa: también combina bien con carnes a la plancha y aporta una nota fantástica de calor y sabor picante. Reiko utiliza aceite de semilla de uva porque carece de sabor.

400 g de zanahorias o 300 g de zanahorias y 100 g de chirivías, peladas y cortadas en tiras
¼ a ½ de chile rojo, al gusto, picado fino
2 cucharadas de aceite de semilla de uva
1 cucharada de aceite de sésamo tostado
1 cucharada de tahina
1 cucharada de salsa tamari (para una opción sin gluten) o salsa de soja
5 tallos de cebollino, cortados muy finos
1 cucharadita de semillas de sésamo negro

SL SG V Ve Si se utiliza salsa tamari.

Cocine las verduras y los chiles brevemente en aceite de semilla de uva en una sartén o wok grande, dándoles la vuelta constantemente con palillos o pinzas. Se ablandarán en unos 5 minutos.

Mezcle el aceite de sésamo, la tahina y la salsa tamari o de soja en un platito, añádala a la sartén con el cebollino y remueva todo. Sírvalas al momento o a temperatura ambiente con las semillas de sésamo por encima.

ensalada de alga wakame

6 raciones

El wakame es un tipo de alga disponible en tiendas de alimentación asiática o especializadas. Hay que escurrir el alga después de rehidratarla para que el agua que quede no diluya la salsa. La salsa de soja suele utilizarse en exceso por los no japoneses: debería potenciar el sabor de la ensalada, pero no enmascararlo.

10 g de alga wakame seca
2 cucharadas de vinagre de arroz
1 cucharada de salsa tamari (para una opción sin gluten) o salsa de soja
1 cucharadita de jengibre fresco rallado
2 cucharaditas de miel cruda suave
¼ a ½ de chile rojo, al gusto, picado fino
1 cucharadita de aceite de sésamo tostado
2 cebolletas, en rodajas finas
1 cucharada de semillas de sésamo tostadas

SL SG V Si se utiliza salsa tamari.

Ponga el alga en un cuenco grande y cúbrala con agua hirviendo. Déjela reposar unos 10 minutos o hasta que se vuelva verde y blanda. Escurra el wakame, aclárelo bajo un chorro de agua fría y déjelo escurrir.

Mezcle el vinagre, la salsa tamari, el jengibre, la miel, el chile y el aceite de sésamo. Añada el alga junto con las cebolletas y mézclelo todo bien. Amontónelo en una fuente para servir o dispóngalo en platos y espolvoree las semillas de sésamo tostadas por encima. Sirva la ensalada al momento.

ensalada india de flores con salmón y langostinos tandoori de Zahda

6 raciones

Esta receta es originaria del Punjab, de donde proceden la profesora de cocina Zahda Saeed y su familia. El tandoori suele elaborarse con muslos de pollo pero también queda rico con el marisco. Si utiliza muslos de pollo, cocínelos 10-20 minutos más. Zahda a menudo prepara y marina la carne o el pescado la víspera. Le gusta esta saludable receta con pan de pita caliente y ensalada. El colorante aporta un tono naranja al plato que puede omitirse si lo prefiere y puede sustituirse por la cúrcuma para conseguir un tono más amarillo.

para la marinada del pescado o la carne

1 kg de salmón en filetes, con piel y sin espinas
8-10 langostinos grandes con cáscara o 1,2 kg de muslos de pollo sin hueso y con piel
2 cucharaditas de sal
zumo de 1 limón
100 g de yogur natural
6 dientes de ajo, rallados
¼ de cucharadita de ajwain o salvia seca (opcional)
2-3 cucharaditas colmadas de chile en polvo, al gusto
2 cucharaditas de comino en polvo
1 cucharada de garam masala
1 cucharadita de miel cruda suave (opcional)
½ cucharadita de semillas de comino
¼ de cucharadita de colorante alimentario o cúrcuma para dar color (opcional)

para la ensalada india de flores

25 g de coco en láminas o deshidratado
50 g de anacardos
2 puñados grandes de hojas de ensalada dulce y fuerte, como lechuga redonda, Little Gem, rúcula, mostaza, mizuna o berros
1 mango, en dados de 2 cm
10 tomates cherry, partidos por la mitad
1 aguacate, en láminas
un puñado grande de flores comestibles, como nasturtium, borraja azul, tomillo, salvia o cilantro

para el aliño

4 cucharadas de aceite de oliva virgen extra
raspadura de ½ lima y zumo de 1 lima
1 cucharadita de miel clara
¼ a ½ de chile, al gusto, picado fino
sal y pimienta negra recién molida

SG

Corte el salmón en dados de 5 cm. Disponga el pescado y los langostinos o el pollo en un cuenco grande con la sal y el zumo de limón y remuévalos para que se impregnen bien. Déjelos reposar 10 minutos.

Mientras, combine el resto de los ingredientes de la marinada en un bol grande. Añada el pescado y los langostinos o la carne a la marinada con el jugo del cuenco y déjelo marinar, tapado, en el frigorífico de 1 a 12 horas.

Precaliente el horno a 200 °C / potencia 6 de gas. Disponga los trozos de salmón espaciados (no los langostinos) o el pollo sobre una rejilla con una bandeja debajo para recoger los jugos. Rocíelos con la marinada restante y cocine el salmón 15-20 minutos o el pollo 30-35 minutos. Empiece a asar el pollo con la piel arriba y dele la vuelta cuando tenga un aspecto crujiente para pasar a cocerlo por debajo. Añada los langostinos al salmón los últimos 5 minutos de cocción o déjelos hasta que estén listos.

Mientras, tueste el coco y los anacardos por separado en una bandeja de horno (el coco tarda menos) hasta que queden ligeramente dorados. Vigílelos porque se queman con facilidad y se harán en unos 5 minutos. Esto también puede hacerse en una sartén en seco.

Disponga los ingredientes de la ensalada, aparte de las flores, en una fuente para servir.

Mezcle los ingredientes del aliño, rectificando la sal, la pimienta y el chile al gusto; rocíelo sobre la ensalada y esparza las flores por encima. Sirva el salmón y los langostinos o el pollo junto con la ensalada.

consejo

Esta receta también sale bien a la barbacoa, en cuyo caso los trozos de carne o pescado deben ensartarse en una brocheta para poder girarlos con facilidad sobre la brasa. Cerciórese de cocinar bien el pollo: los jugos deben salir claros al pincharlo.

sabores mexicanos

Salsa de tomate picante (arriba izquierda: pág. 171); Tacos de pescado con ensalada de col y cilantro (medio: pág. 116); Salsa de piña y jengibre (abajo derecha: pág. 188).

tacos de pescado con ensalada de col y cilantro

4–6 raciones

En América, los tacos de pescado (véase la foto en las páginas anteriores) suelen prepararse con bagre o lampuga, pero cualquier pescado blanco de carne firme, como el emperador o el bacalao, sirven igual. La lubina y el salmón también resultan deliciosos. Los tacos se elaboran principalmente con tortillas de maíz, que pueden ser blandas a modo de rollito, o crujientes al estilo texmex. Mi hermana Louise me enseñó a prepararlos y me indicó que el pescado, que se cocina con la piel para notar trocitos crujientes, debe aplastarse un poco tras cocerlo para desmigarlo. Ella emplea hojas grandes de lechuga para envolver el pescado y la guarnición, pero a nuestros hijos les encantan las tortillas blandas, por lo que servimos ambas versiones.

Esta es una de las pocas ocasiones en que abogamos por el uso de ajo en polvo, dado que nuestra amiga Margaret, de Atlanta, asegura que no se pueden preparar tacos de pescado sin él. Otros acompañamientos pueden ser el Guacamole (pág. 182) o la Salsa de piña y jengibre (pág. 188).

para la ensalada de col

300 g de col de hoja lisa o col lombarda, en tiras muy finas
3 cebolletas, cortadas finas en diagonal
2 cucharadas de hojas de cilantro, troceadas
½ a 1 chile, al gusto, picado
sal

para el pescado

½ cucharadita de polvos de chile chipotle o pimentón picante ahumado
1 cucharadita de pimentón dulce
4 cucharaditas de comino en polvo
2 cucharaditas de ajo en polvo
1 cucharadita de sal
1 kg de pescado blanco en filetes, como lubina, emperador, bacalao o besugo, con piel
2 cucharadas de aceite de oliva virgen extra
pimienta negra recién molida

para servir

8–10 tortillas de maíz u hojas enteras de lechuga
2 aguacates, en láminas
2 limas, en gajos
un puñado de cilantro, sin tallos gruesos
300 ml de nata agria o Crema de aguacate (pág. 182)
Salsa pico de gallo (pág. 188) o Salsa de tomate picante (pág. 171)

Para la ensalada de col, mezcle los ingredientes en una ensaladera. No la aliñe para que los tacos no se mojen en exceso.

Precaliente el horno a 180 °C / potencia 4 de gas.

Mezcle las especias y condimentos para el pescado en un bol pequeño. Disponga los filetes de pescado sobre una tabla de cortar y embadúrnelos uniformemente por ambos lados con el condimento en polvo. Utilice las manos para que el pescado se impregne y colóquelo sobre una bandeja de horno con la piel boca abajo. Rocíelo con el aceite de oliva y métalo en el horno. El pescado también puede freírse en aceite en una sartén antiadherente si lo prefiere. En función del tamaño de los filetes, tardará 5–10 minutos en cocinarse. Si utiliza una sartén, dele la vuelta al pescado cuando la piel esté crujiente. Desmigue el pescado en grandes trozos justo antes de servirlo.

Disponga el pescado, las tortillas, el aguacate rociado con el zumo de un gajo de lima, el resto de gajos de lima, la ensalada de col, el cilantro y los boles de crema y salsa sobre una tabla grande y sírvalo en el centro de la mesa de modo que los comensales puedan confeccionar sus propios tacos con un poco de cada cosa o como les apetezca.

SG

bol poke

4–6 raciones

Nunca había oído hablar de esta brillante combinación de sabores hawaiana hasta que mi sobrino Robbie, que vive en Los Ángeles, me dijo que debía incluirla en el libro. Me explicó que el poke, pronunciado «poquei», es lo más en aquella ciudad. *Poke* significa «cortar» o «rebanar» y hace referencia a la manera de cortar el atún para que absorba rápidamente el aliño. Él lo toma en un bol junto al arroz caliente, el aguacate y la ensalada.

En realidad se prepara rápido pero resulta crucial hallar atún fresco de la calidad del sashimi o bien atún previamente congelado antes de su venta, ya que se consume crudo. El arroz es blanco, sazonado con el vinagre de arroz (suave y algo dulce) o, como lo prepara nuestro hijo Flavio (pág. 108), mezclado con jengibre para sushi picado y salsa tamari.

para el aliño

1–2 cucharaditas de pasta wasabi, al gusto
zumo de 1 lima
2 cucharadas de salsa tamari (para una opción sin gluten) o salsa de soja
1 cucharadita de aceite de sésamo
½ cucharadita de jengibre fresco, rallado

para el atún y la ensalada

450 g de atún yellowfin muy fresco, en dados de 1,5 cm
3 cebolletas, picadas finas
un puñado de cilantro fresco, sin tallos gruesos
300 g de arroz largo integral o basmati
2 cucharadas de vinagre de arroz
1 aguacate, en dados de 1,5 cm
1 cucharada de semillas de sésamo blancas o negras tostadas
¼ a ½ chile rojo, al gusto, troceado fino
sal

SL SG Si se utiliza salsa tamari.

Mezcle el wasabi, el zumo de lima, la salsa tamari, el aceite y el jengibre en un bol. Rectifique los sabores a su gusto: debe haber un equilibrio entre la intensidad del wasabi y la acidez de la lima. No parecerá gran cosa, pero es suficiente para el atún y el aguacate. Guarde el aliño en el frigorífico.

Mezcle el atún, las cebolletas y el cilantro y resérvelos en el frigorífico.

Cocine el arroz según las instrucciones del envase. Escúrralo, mézclelo con el vinagre y sálelo.

Ahora vierta el aliño sobre el pescado con el aguacate y remuévalo con cuidado. Sirva el arroz en cuencos y disponga la mezcla del pescado encima. Espolvoree con las semillas de sésamo y el chile por encima y sírvalo al momento.

5

ensalada de remolacha asada, lentejas y queso de cabra con nueces

espárragos con aliño de tomate asado y requesón de limón

queso halloumi a la plancha con hinojo asado y aliño de naranja

ensalada de calabaza, brócoli y beicon asados con aliño de mostaza

ensalada de pasta orzo con verduras asadas, albahaca, piñones y parmesano

hamburguesas de remolacha con ensalada de hojas de remolacha y berros con aliño de aguacate y yogur

carpaccio de calabacín y flor de calabacín con ricotta

ensalada de champiñones portobello y apio con migas al ajo negro

ensalada de farro con kale y calabaza

ensaladas a base de hortalizas

ensalada de remolacha asada, lentejas y queso de cabra con nueces

4 raciones

Nos encanta utilizar las remolachas que cultivamos para preparar esta ensalada. Se concentran y endulzan su sabor al asarlas, pero se tarda mucho en hacerlo si se dejan enteras. Al cortarlas y cocerlas parcialmente al vapor bajo el papel de aluminio, se reduce significativamente el tiempo de cocción. Utilizamos lentejas en lata, pero si lo desea, puede cocerlas.

El requesón de cabra tiene un sabor delicado. Resulta exquisito en platos dulces o salados, especialmente cuando es la nota agria junto a un ingrediente dulce como la miel del aliño.

5 remolachas medianas crudas
4 cucharadas de aceite de oliva virgen extra, y más para rociar
50 g de nueces, partidas por la mitad
1 cebolla roja, en 8 trozos
1 lata de 400 g de lentejas de Puy o beluga (240 g peso escurrido)
1 rama de apio, cortada fina en diagonal, más unas hojas
un puñado grande de perejil de hoja lisa, sin tallos, troceado,
  y más para decorar
100 g de requesón, queso fresco de cabra o queso feta
sal y pimienta negra recién molida

para el aliño

3 cucharadas de aceite de oliva virgen extra
1 cucharada de vinagre balsámico
1 cucharadita de miel suave cruda

SG V

Precaliente el horno a 200 °C / potencia 6 de gas.

Pele y corte las remolachas en trozos de unos 2 cm. Mézclelos con 2 cucharadas del aceite, sal y pimienta en un cuenco y luego páselas a una bandeja de horno pequeña (reserve el cuenco para la cebolla). Tape la remolacha con papel de aluminio y ásela 30 minutos.

Ponga las nueces en una bandeja del horno y áselas 6 minutos o hasta que se tuesten ligeramente. Retírelas del horno y déjelas templar.

Ponga la cebolla en el cuenco y mézclela con las 2 cucharadas de aceite restantes. Resérvela.

Cuando la remolacha lleve 30 minutos de cocción, retire el papel de aluminio y añada las cebollas a la bandeja, removiéndolas con la remolacha. Meta de nuevo la bandeja en el horno, sin tapar, 20–30 minutos más hasta que se doren un poco. Retírela del horno y deje templar las verduras en una fuente.

Ponga las lentejas en un bol, vierta los ingredientes del aliño, sal y pimienta, y remuévalas. Cuando la remolacha y la cebolla estén listas, incorpórelas con los jugos de la bandeja a las lentejas y remuévalas; luego déjelas templar.

Mezcle el apio y el perejil con la ensalada, añada el requesón o el queso desmenuzado por encima y sírvala con un poco más de perejil, aceite de oliva y pimienta negra recién molida.

espárragos con aliño de tomate asado y requesón de limón

4 raciones

Esta receta no podría ser más fácil de hacer y se conserva unos días en el frigorífico, de modo que es ideal para cuando se tienen invitados. El aliño también combina bien con pescado, cordero, pechugas de pollo o queso de cabra frito. Los moldes con hierbas y queso son una delicia con los espárragos asados, aunque cuando no sea temporada se pueden servir con tostadas con mantequilla, calabacín a la plancha, pimientos rojos asados y pelados o tomates de variedades tradicionales.

para los moldes y los espárragos

- mantequilla, para engrasar
- 250 g de ricotta, escurrida
- 1 huevo
- un puñadito de hojas de tomillo frescas, picadas, y más para decorar
- 25 g de queso parmesano
- raspadura fina de ½ limón sin encerar
- 250 g de espárragos, sin tallos duros
- 3 cucharadas de aceite de oliva virgen extra
- un chorrito de zumo de limón
- sal y pimienta negra recién molida

para el aliño

- 400 g de tomates cherry
- 3 cucharadas de aceite de oliva virgen extra
- un chile rojo pequeño picado o raspadura fina de limón, al gusto (opcional)

un puñado de almendras en láminas, tostadas, para servir (opcional)

SG V

Precaliente el horno a 180 °C / potencia 4 de gas. Engrase generosamente 4 flaneras (de unos 8 cm de diámetro por unos 5 cm de altura) y forre la base con papel vegetal.

Para elaborar el aliño, ase los tomates enteros en el horno 20–30 minutos o hasta que se deshagan pero no estén dorados. Retírelos del horno y déjelos templar. Reserve un puñado de tomates cherry. Eche el resto al vaso de la batidora americana y tritúrelos. Añada el aceite de oliva, sal al gusto y el chile pequeño o raspadura de limón, si lo desea. El aliño puede conservarse tapado en el frigorífico hasta una semana.

Escurra bien la ricotta (puede hacerlo en un colador de malla fina). Póngala en un bol y agregue el huevo, el tomillo, el parmesano, la raspadura de limón, sal y pimienta. Coloque la mezcla en los moldes con la ayuda de una cuchara y hornéelos 30–40 minutos o hasta que la parte superior empiece a dorarse y se noten firmes al tacto. Mientras, ponga los espárragos en una bandeja de horno, salpimiéntelos, rocíelos con el aceite y áselos 15–20 minutos o hasta que estén tiernos. Tueste las almendras, si las usa, en una bandeja de horno hasta que se doren, tardarán unos 3–5 minutos.

Vuelque los moldes y sírvalos al momento o a temperatura ambiente, con los espárragos rociados con los jugos de la cocción y un chorrito de zumo de limón, el aliño y unos tomates cherry asados. Decore el plato con unas almendras tostadas y hojas de tomillo.

queso halloumi a la plancha con hinojo asado y aliño de naranja

4–6 raciones

Giancarlo aprendió a preparar este aliño de naranja en el restaurante Bistrot de Venise, en Venecia, y ahora lo utilizamos siempre. Reducir el zumo de naranja le confiere un color y dulzura intensos. El aliño puede prepararse con antelación, pero conviene freír el queso justo antes de servirlo.

2 bulbos de hinojo (unos 400 g en total), en rodajas de 1 cm de grosor
2 cucharadas de aceite de oliva virgen extra
un puñado grande de berros, rúcula u hojas de lechuga
un puñado de uvas blancas o negras sin semillas, en mitades
250 g de queso halloumi, cortado en rodajas de 0,5 cm
unas hojas de hinojo o eneldo, sin tallos
sal y pimienta negra recién molida

para el aliño
1 cucharadita de raspadura fina de naranja
100 ml de zumo de naranja recién exprimido (2 naranjas pequeñas)
3 cucharadas de aceite de oliva virgen extra

SG V

Precaliente el horno a 180 °C / potencia 4 de gas. Lleve a ebullición una olla mediana de agua. Añada las rodajas de hinojo y hiérvalas 5–10 minutos o hasta que estén tiernas, y escúrralas.

Disponga las rodajas sobre una bandeja de horno, úntelas con aceite y salpimiéntelas. Áselas 20–30 minutos o hasta que empiecen a chamuscarse. Retírelas del horno y déjelas templar.

Mientras, ponga la raspadura y el zumo de naranja en una sartén pequeña a fuego medio, y deje que burbujee suavemente hasta que reduzca a la mitad. Déjelo templar. Cuando se haya enfriado, mézclelo con el aceite, la sal y la pimienta. Pruebe la sazón y rectifíquela si es necesario.

Disponga las hojas de ensalada sobre una fuente grande, y coloque encima el hinojo y las uvas.

Fría en seco el queso halloumi en una sartén antiadherente 2 minutos por cada lado o hasta que se dore, e incorpórelo a la ensalada. Rocíela con el aliño, salpimiéntela y espolvoree las hojas de hinojo o eneldo por encima. Sírvala al momento o el queso se endurecerá.

ensalada de calabaza, brócoli y beicon asados con aliño de mostaza

6 raciones

Inspirada en la manera que tiene mi sobrino Jamie Ford de asarlo todo en una bandeja, el contenido de esta ensalada simplemente pasa del frigorífico al horno. Es una receta ideal para invitados los días fríos de otoño. Contiene todos los grupos alimentarios y constituye un plato completo que también se puede acompañar de salchichas para cenar, todo asado al horno.

600 g de calabaza redonda, boniatos o calabaza alargada, cortados en cuñas de 4 cm como máximo
5 cucharadas de aceite de oliva virgen extra o de colza
1 brócoli (unos 300 g), cortado en cabezuelas
6 lonchas de beicon, cortadas en trozos de 2 cm
2 cucharadas de pipas peladas de calabaza
1 ración de Vinagreta de mostaza y miel (pág. 19)
75 g de queso cheddar o parmesano, en virutas
un puñadito de rúcula
sal y pimienta negra recién molida

SG

Precaliente el horno a 180 °C / potencia 4 de gas.

Ponga las cuñas de calabaza en un cuenco con 3 cucharadas de aceite, sal y pimienta. Mézclelas y extiéndalas sobre una bandeja de horno. Áselas 30 minutos o hasta que estén tiernas. A los 15 minutos, añada el brócoli, untado con el aliño y el resto del aceite, y el beicon. Siga asando hasta que las verduras y el beicon empiecen a dorarse.

Disponga las pipas peladas de calabaza en otra bandeja pequeña y áselas 5 minutos o hasta que empiecen a saltar. Retírelo todo del horno y páselo a una ensaladera. Vierta la vinagreta por encima y remueva todo bien, pruebe la sazón y rectifíquela, y acabe el plato con las virutas de queso por encima y la rúcula. Sirva la ensalada caliente.

sabores de oriente medio

Fattoush (izquierda: pág. 161); Judías verdes con tomate y especias (arriba centro: pág. 162); Kabsa de quinoa con hashu de frutos secos (centro: pág. 164); Ensalada de remolacha, naranja, almendras y eneldo (abajo centro: pág. 176); Tomate y berenjena al estilo marroquí (derecha: pág. 159).

ensalada de pasta orzo con verduras asadas, albahaca, piñones y parmesano

10 raciones

Esta ensalada de pasta, sencilla pero bonita, combina bien con carne o pescado a la brasa y llena por sí sola la tripa de los hambrientos adolescentes. Se pueden utilizar otras hortalizas, como brócoli, hinojo y berenjenas. Ase las verduras en el horno o cocínelas a la plancha o la barbacoa para darles un toque de sabor. En esta receta sale bastante cantidad, ya que suelo prepararla cuando tengo invitados, pero se acaba enseguida y se conserva bien en el frigorífico para el día siguiente.

500 g de calabacín, en rodajas de 1 cm
2 pimientos rojos o amarillos, sin semillas y en tiras de 1 cm
2 cebollas rojas, cortadas en 8 trozos
20 tomates cherry
7 cucharadas de aceite de oliva virgen extra
2 cucharaditas de orégano seco
6 dientes de ajo, enteros con piel y un poco chafados
unas ramitas de tomillo
50 g de piñones
500 g de pasta orzo
30 g de queso parmesano, rallado fino
30 g de hojas de albahaca, troceadas, y más para decorar
sal y pimienta negra recién molida

V

Precaliente el horno a 180 °C / potencia 4 de gas. Mezcle las hortalizas en un cuenco grande con 4 cucharadas del aceite, el orégano y sal y pimienta en abundancia, y páselas a una bandeja de horno con el ajo y el tomillo. Áselas 25–30 minutos o hasta que las verduras se ablanden y empiecen a dorarse.

Tueste los piñones en una bandeja de horno 3–5 minutos. Retírelos del horno y déjelos templar.

Mientras, cocine la pasta orzo según las instrucciones del envase. Escúrrala y mézclela con el resto del aceite de oliva en una fuente grande. Resérvela.

Retire las hortalizas del horno y mézclelas con la pasta aún calientes. Déjela templar hasta que alcance la temperatura ambiente o sírvala mientras aún está caliente.

Añada el resto de ingredientes, salpimiente al gusto y sirva la ensalada decorada con hojas de albahaca.

hamburguesas de remolacha con ensalada de hojas de remolacha y berros con aliño de aguacate y yogur

salen unas 10, de 8 cm de diámetro × 2 cm de grosor

Disfrute de estas sabrosas hamburguesas repletas de ingredientes saludables. La remolacha contiene vitaminas y minerales, además de potentes antioxidantes. Ayuda a reducir la presión arterial, a aumentar la resistencia e incluso es posible que a combatir la enfermedad coronaria. Las hojas son comestibles: cocínelas como si fueran espinacas y utilice las hojas tiernas crudas. La cúrcuma contiene unos compuestos llamados curcuminoides que son unos potentes antioxidantes. Está indicada para reducir inflamaciones. Las semillas de sésamo son una fuente rica en ácidos grasos omega-6, flavonoides antioxidantes y vitaminas. El aguacate es rico en vitaminas y potasio, que se relaciona con una tensión arterial más baja. También se cree que disminuye el nivel de colesterol y su alto contenido en fibra ayuda a reducir las puntas de azúcar en sangre.

para las hamburguesas

50 g de copos de avena
150 g de remolacha cruda, rallada
1 manzana mediana, pelada y rallada
100 g de queso feta, rallado
2 cebolletas, picadas finas
1 huevo grande
2 cucharaditas de comino molido
1 cucharadita de cúrcuma en polvo
50–75 g de semillas de sésamo, para rebozar
sal y pimienta negra recién molida

para el aliño de aguacate y yogur

1 aguacate grande y maduro, pelado, sin hueso y troceado
8 cucharadas de yogur griego
1 diente de ajo pequeño
¼ a ½ chile rojo, al gusto
zumo de ½ limón

para la ensalada

un puñado grande de hojas de remolacha o similares, como hojas de mostaza o rúcula
un puñado grande de semillas germinadas de rábano, amaranto, lentejas, cilantro o berros
2 cucharadas de aceite de oliva virgen extra
1 cucharada de zumo de limón o un chorrito de vinagre

V

Precaliente el horno a 200 °C / potencia 6 de gas. Forre una bandeja de horno con papel vegetal.

Para elaborar las hamburguesas, triture la avena en un robot de cocina hasta que parezca harina gruesa. En un bol grande, mezcle la avena y el resto de ingredientes para las hamburguesas, excepto las semillas de sésamo, con una espátula grande. Forme 10 hamburguesas con esta pasta, de unos 8 cm de diámetro por 2 de grosor, presionándolas entre las palmas de las manos. Las notará húmedas, pero no se preocupe, esto evita que se sequen al hornearlas.

Eche las semillas de sésamo en un bol y reboce con ellas cada hamburguesa. Póngalas en la bandeja con papel vegetal. Hornéelas 20 minutos hasta que se noten firmes al tacto y se doren un poco.

Prepare el aliño triturando los ingredientes en el robot de cocina hasta obtener una crema suave y brillante. Pruebe la sazón y rectifíquela, y añada más chile o zumo de limón a su gusto. Resérvelo en el frigorífico.

Combine las hojas de ensalada y germinados y alíñelos justo antes de servirlos con el aceite de oliva, el zumo de limón, la sal y la pimienta. Sirva las hamburguesas calientes o a temperatura ambiente con la ensalada y el aliño de aguacate con yogur.

Envuelva las sobrantes en film transparente y consérvelas en el frigorífico hasta 3 días. El aliño también puede conservarse tapado en el frigorífico hasta 3 días.

carpaccio de calabacín y flor de calabacín con ricotta

4-6 raciones

Este plato es ligero y delicioso con el dulzor de las flores y el melón. Para que la ensalada luzca más, decórela con flores troceadas de calabacín si las encuentra. En casa disponemos de un accesorio para hacer perlitas de melón, pero si no es su caso, simplemente corte trozos muy pequeños de melón.

para el aliño

½ a 1 chile rojo o verde, al gusto, picado fino
1 diente de ajo pequeño, rallado
raspadura fina de ½ limón, y más para decorar
2 cucharadas de aceite de oliva virgen extra
sal y pimienta negra recién molida

para la ensalada

3 calabacines medianos, en rodajas finas
4 tomates redondos, en dados, o 8 tomates cherry, partidos por la mitad
1 pimiento rojo, sin semillas y en tiras finas
un puñado de hojas de albahaca, sin tallos gruesos
½ melón Honeydew o cantalupo (150 g de pulpa), en perlitas
100 g de ricotta, escurrido

SG V

Mezcle los ingredientes del aliño en un bol. Salpimiéntelo al gusto y resérvelo.

Disponga una capa de rodajas de calabacín, tomates y tiras de pimiento rojo en una fuente grande o platos individuales. Alíñelos un poco. Añada el resto de las hortalizas en rodajas y el resto del aliño. (En este punto, la ensalada puede conservarse unas horas en el frigorífico si desea servirla más tarde.)

Justo antes de servir la ensalada, ponga por encima las hojas de albahaca y las perlas de melón y luego las quenelles de ricotta. Para formarlas, presione una cucharadita de ricotta entre dos cucharitas, de modo que adopte la forma de un huevo con los extremos puntiagudos. Con una cucharita, eche la quenelle sobre la ensalada. Ralle un poco más de raspadura de limón por encima y remate el plato con una buena cantidad de pimienta negra.

ensalada de champiñones portobello y apio con migas al ajo negro

4 raciones

Esta espectacular ensalada oscura es perfecta para las noches frías. Se trata de un excelente plato principal vegano o un primero contundente para la cena. El hermoso y adictivo ajo negro se puede adquirir por internet o en tiendas especializadas. No es fuerte como el ajo fresco pero posee un intenso sabor salado y umami que se consigue exponiéndolo a fuego muy bajo durante semana. Permítase el lujo de adquirir un tarro y utilícelo para untar tostadas calientes o añadirlo picado a un aliño para ensalada. Si no consigue ajo negro, utilice ajo normal.

para la ensalada

50 g de pan de masa madre duro
2 cucharadas de hojas de tomillo
5 cucharadas de aceite de oliva virgen extra, más 2 cucharadas para engrasar
6 dientes de ajo negro medianos, troceados, o 1 diente de ajo grande, picado
4 champiñones portobello grandes (unos 300 g en total)
un puñado grande de hojas de ensalada rojas, como las de mostaza, remolacha o achicoria
1 rama de apio, en rodajas finas en diagonal
un puñado de hojas de apio, troceadas
sal y pimienta negra recién molida

para el aliño al vino tinto

200 ml de un buen vino tinto
5 cucharadas de aceite de oliva virgen extra
2 cucharaditas de zumo de limón
2 cucharaditas de miel cruda suave o jarabe de arce (opción vegana)

SL V Ve Si se utiliza jarabe de arce.

Precaliente el horno a 200 °C / potencia 6 de gas. Forre una bandeja de horno con papel vegetal.

Desmenuce el pan en trocitos de unos 2 cm. Póngalos en un bol con el tomillo, el aceite, el ajo, la sal y la pimienta. Extienda la mezcla sobre la bandeja y déjela cocer 5–7 minutos o hasta que se vuelva crujiente. Ponga el pan en un plato para que se temple. Caliente el gratinador.

Retire las partes duras de los tallos de los champiñones. Deles la vuelta de modo que los tallos queden boca abajo y úntelos con la mitad del aceite. Cocínelos con el gratinador o sobre una rejilla durante 10 minutos o hasta que se ablanden y se arruguen los bordes. Caerá un exceso de agua, por lo que hay que poner una bandeja debajo. Vuélvalos, píntelos con el resto del aceite y salpimiéntelos antes de volver a gratinarlos hasta que queden algo crujientes y hechos por dentro. Sáquelos del horno y manténgalos calientes.

Para el aliño, ponga el vino en un cazo pequeño, llévelo a ebullición y deje que se reduzca a un tercio del volumen inicial, hasta unos 60 ml. Retírelo del fuego y viértalo en una jarrita con el resto de los ingredientes y mézclelo vigorosamente. Salpimiéntelo al gusto y déjelo templar.

Mezcle las hojas de la ensalada, el apio y las hojas de apio con un poco de aliño.

Ponga las setas en un plato y rocíelas con un poco de aliño. Emplate también la ensalada junto con el pan y sirva el resto del aliño aparte.

ensalada de farro con kale y calabaza

6 raciones

Esta es una ensalada tibia muy sencilla que resulta ideal como una comida completa con salsa de queso por encima y huevos fritos. Si no, puede servirla como acompañamiento de salchichas o carne asada. En lugar de farro, puede utilizar arroz integral o rojo o quinoa. Las hortalizas que empleamos son las únicas que compraríamos ya cortadas: en nuestro supermercado venden bolsas de rodajas de calabaza y boniato que nos facilitan mucho la vida.

200 g de farro
350 g de trozos mezclados de calabaza y boniato pelados, de 1 cm aproximadamente
2 cebollas rojas, peladas y cortadas en 8 trozos
3 dientes de ajo, con piel y algo chafados con la hoja de un cuchillo
4 cucharadas de aceite de oliva virgen extra, y más para la kale
un puñado de kale baby, o de hojas grandes, troceado o espinacas baby
sal y pimienta negra recién molida

SL V Ve

Precaliente el horno a 200 °C / potencia 6 de gas. Forre una bandeja de horno con papel vegetal.

Cocine el farro según las instrucciones del paquete en agua con sal. Cuando esté listo, escúrralo y resérvelo.

Ponga la calabaza, el boniato, las cebollas y los ajos sobre la bandeja, salpimiéntelos y alíñelos con aceite. Remuévalo todo para que se impregne bien. Áselo al horno 25-30 minutos hasta que se dore. Retírelo del horno y mézclelo con el farro en una fuente grande y caliente. Aplaste los ajos asados para que se pelen solos y añádalos a la ensalada. Pruebe la sazón y rectifíquela a su gusto.

Si utiliza kale, hágale un masaje con las manos durante un par de minutos, untada en aceite y sal para que se ablande y avive el color. Si no, incorpore unas hojas de espinacas a la ensalada. Sírvala tibia.

variación: kale y arándanos rojos

Conviene trocear la kale si se va a tomar cruda. Retire los tallos duros del centro de las hojas. Puede hacerlo presionando el nervio central con los dedos y haciéndolos correr como una cremallera para quedarse con las hojas. El tallo pelado puede trocearse y hervirse o desecharse. Rompa las hojas en trozos del tamaño de un bocado y póngalas en un cuenco grande con el zumo de ½ limón, 1 cucharada de aceite de oliva virgen extra y ¼ de cucharadita de sal marina por cada puñado grande de hojas. Ahora, con firmeza, realice un masaje a las hojas durante 3-4 minutos. Se avivará su color y se ablandarán un poco. Sírvalas tal cual o añada un puñado de arándanos rojos u otra fruta seca para aportar dulzor y 1 cucharada de semillas de sésamo tostadas para aportar un toque crujiente.

ensalada de kale con vinagreta de dátiles y cerezas ácidas

4–6 raciones

Hay que admitir que a veces tomar un plato entero de kale puede parecer una penitencia. No obstante, una visita reciente al neoyorquino The Butcher's Daughter cambió nuestra percepción e inspiró esta receta. Su ensalada de kale es deliciosamente dulce, con dátiles, cerezas y pipas peladas de girasol crujientes. La kale, sin tallos gruesos, es fácil de comer y acudiríamos habitualmente a tomar esta ensalada si no fuera porque este restaurante nos queda a tres mil kilómetros de distancia. Intente encontrar cerezas o arándanos rojos deshidratados sin azúcar ni aceite añadidos. Las buenas tiendas especializadas los venden o se pueden adquirir por internet; algunas marcas llevan mucho azúcar y preferimos la acidez natural de la fruta seca no adulterada.

para la vinagreta
3 dátiles Medjool, sin hueso
3 cucharadas de vinagre balsámico
4 cucharadas de aceite de oliva virgen extra
sal y pimienta negra recién molida

para la ensalada
30 g de almendras en láminas
250 g de kale de la variedad cavolo nero (kale negra o de hoja lisa), limpia, troceada y escurrida
30 g de pipas peladas de girasol o calabaza, tostadas
25 g de cerezas o arándanos rojos ácidos secos

SL SG V Ve

Precaliente el horno a 180 °C / potencia 4 de gas.

Triture juntos los ingredientes para la vinagreta en una batidora hasta obtener una mezcla suave. Rectifique la sazón si es necesario.

Tueste las almendras en una bandeja de horno 3–5 minutos hasta que se doren un poco. Retírelas de la bandeja y déjelas templar. Desmenúcelas un poco con las manos.

Ponga los ingredientes de la ensalada en una ensaladera grande y remuévalos con la vinagreta. Utilice unas pinzas para mezclar la kale hasta que quede impregnada del aliño. Pásela a la ensaladera y tome enseguida la ensalada o déjela tapada en el frigorífico hasta 2 horas.

judías verdes con mantequilla de almendras y jengibre

4–6 raciones

Nos encanta la mantequilla de almendras y, tras experimentar con ella un día, dimos con esta sencilla receta que convierte una simple hortaliza en algo realmente apetecible con un toque asiático. Nos gusta esta ensalada tal cual pero se pueden añadir semillas de sésamo o almendras tostadas troceadas por encima. La tomamos sola como almuerzo rápido o junto con otros platos asiáticos o carne a la plancha.

250–300 g de judías verdes largas, limpias y cortadas
2 cucharadas de mantequilla de almendras, anacardos o cacahuete
1 diente de ajo, rallado fino
un trozo de 4 cm de jengibre fresco, rallado fino
escamas de sal marina
un puñadito de almendras tostadas troceadas o 1 cucharada de semillas de sésamo tostadas (opcional)

SL SG V Ve

Hierva o cueza al vapor las judías hasta que estén tiernas. Nosotros las preferimos algo blandas tras unos 10 minutos de cocción, pero si le gustan crujientes, déjelas cocer solo unos 5 minutos.

Mientras, mezcle la mantequilla de frutos secos con el resto de los ingredientes y 2 cucharadas de agua para formar una pasta ligera. Cuando las judías estén listas, escúrralas bien y mézclelas con el aliño en una fuente. Sirva el plato caliente o déjelo templar, luego espolvoree por encima sal, frutos secos o semillas, si las emplea.

ensalada de tomate con vinagreta agridulce de cebolla

6 raciones

Esta receta empezó con una intrigante y deliciosa ensalada de tomate y chalotas en el restaurante neoyorquino Fat Radish. Los tomates maduros de una variedad tradicional estaban aliñados con algo que parecía aceite, y la cebolla no asomaba por ningún lado. Pero el sabor del tomate poseía las notas caramelizadas de la cebolla asada. Al mismo tiempo, Silvia Nacamulli nos dio una receta italojudía de cebollas agridulces. El jugo de cocción de las cebollas poseía exactamente el mismo sabor que andábamos buscando, de modo que aquí tenemos lo mejor de ambas recetas: una rica y espesa vinagreta de cebolla para la ensalada de tomate y unas cebollas caramelizadas para tomar como aperitivo o entrante en pinchos con trozos de queso curado.

para las cebollas y vinagreta

500 g de cebollas encurtidas
100 ml de aceite de oliva virgen extra
3 cucharadas de vinagre de sidra o de vino blanco
3 cucharadas de Marsala o vino dulce
2–3 cucharaditas de miel cruda suave o jarabe de arce (opcional)
sal

para la ensalada

1 kg de tomates de una variedad tradicional perfectamente maduros
unas hojas de portulaca, berros o espinacas baby
unas hojas de albahaca púrpura o normal
sal Maldon y pimienta negra recién molida

SL SG V Ve Si se utiliza jarabe de arce.

Remoje las cebollas en agua tibia 5 minutos antes de pelarlas. Corte solo los extremos de las raíces leñosas pero manténgalas intactas para que no se desmonten las capas. Caliente el aceite de oliva en un cazo de base gruesa y añada las cebollas y una pizca de sal. Cocine a fuego fuerte un par de minutos hasta que se doren. Baje el fuego y añada 2 cucharadas de agua tibia, el vinagre, el Marsala y la miel o jarabe de arce, si lo utiliza. Tape el cazo y cocine las cebollas 20–30 minutos, removiéndolas de vez en cuando, hasta que queden blandas y caramelizadas. Déjelas templar. Escurra las cebollas y resérvelas con un poco del jugo para servirlas como aperitivo. Reserve el resto de jugo para la ensalada de tomate.

Corte los tomates en cuñas y dispóngalos en una fuente grande o un bol poco hondo; luego mézclelos con el jugo de las cebollas: tal vez no lo necesite todo: se conserva bien en el frigorífico un día. Añada las hojas y las hierbas y acabe el plato con un poco de sal Maldon y una pizca de pimienta.

ensalada de hierbas con flores

4–6 raciones

Allá por el siglo XVII, el escritor y jardinero italiano Castelvetro regañaba a los ingleses por comer demasiada carne y pocas verduras y ensalada. Señalaba las plantas, flores y hierbas que crecían a nuestro alrededor y que simplemente ignorábamos. Describió una ensalada primaveral variada como «la mejor y más maravillosa de todas. Tome hojas tiernas de menta, de berros, albahaca, melisa, brotes de algáfita, estragón, mastuerzo, brotes de hinojo, hojas de rúcula, de acedera, flores de romero, unas violetas dulces y las hojas más tiernas del corazón de la lechuga».

Siglos después, todavía no hemos mejorado mucho en cuanto a variedad cuando preparamos ensaladas verdes. Desde hace años recojo ajo de oso, ortigas e hinojo silvestre, pero hace poco asistí a un curso de recolección de hierbas con John Rensten, de Forage London. Como afirma John: «una ensalada debería ser como una conversación interesante, una flor especiada como el nasturtium o una hoja de achicoria silvestre dando el contrapunto a una base de agradable verde».

Añadir hierbas variadas y plantas silvestres convierte la ensalada en un plato individual y dependerá por entero de lo que uno recoja aquella mañana, de la estación del año y de la parte del mundo donde uno se encuentre. Nuestra mezcla de un lluvioso día primaveral fue diente de león, violetas, borrajas, aliaria, rúcula, llantén, perifollo oloroso, prímulas y berros, pero podrían añadirse las sugerencias de Castelvetro que aparecen arriba o flores de salvia, perejil, eneldo, caléndulas, margaritas comestibles, menta, cenizo, achicoria silvestre, cebollino y flores de cebollino sobre una base de lechuga.

Nos encantan los huevos de calidad con esta ensalada, pero también combina bien con pollo asado, queso de cabra o un puñado de pipas peladas de calabaza tostadas.

para la ensalada

150 g de hojas variadas (véase la introducción)
1 diente de ajo, partido por la mitad

para el aliño

4 cucharadas de aceite de colza
1 cucharada de vinagre de sidra
4 cucharaditas de mostaza de grano entero
2 cucharaditas de miel cruda suave
sal y pimienta negra recién molida
flores comestibles (véase introducción), para decorar

SL SG V

Lave y seque las hojas (pág. 10). Frote el fondo de una ensaladera con el diente de ajo para proporcionar a la ensalada un sabor suave.

Mezcle los ingredientes del aliño en un bol grande. Pruebe la sazón y rectifíquela para equilibrar los sabores dulces y los ácidos. Trocee las hojas por encima y remuévalo todo con el aliño. Dispóngalas sobre la ensaladera con ajo con las flores encima.

tarro de ensalada

¿Qué hacíamos antes de que a alguien se le ocurriera meter la ensalada en un tarro para llevarla al trabajo? Mientras algunos siguen satisfechos escondiendo un sándwich reblandecido en un viejo recipiente de helado con una tapa que encaja mal, otros se han decidido por la opción más de moda: el almuerzo en un tarro de cristal, cuyo contenido queda a la vista de todos.

Los tarros de ensalada deberían montarse en capas y hay que cerciorarse de que no vayan a derramarse antes de consumirlos. Si uno incluye alimentos de todos los grupos no sufrirá la ansiedad de buscar una pasta dulce a media tarde. Por tanto, incluya proteínas, legumbres o cereales, verduras y fruta, además de hojas de ensalada. Cabe decir que estos tarros no solo son para llevárselos al trabajo, sino que son ideales cuando se tienen invitados, ya que pueden prepararse con antelación y repartirse junto con unas cucharas largas: incluso son prácticos en los bufés, donde los invitados no están sentados.

Empiece con el aliño en el fondo. Siga con unas hortalizas resistentes a la humedad, como las zanahorias, los pepinos o los legumbres. Luego añada una capa de verduras, como zanahoria rallada, fruta o col, seguida de otra de proteína, como pollo, queso, garbanzos, frutos secos, quinoa o farro. Siga con otra capa de bayas, como arándanos, fresas o tomates que podrían romperse en el fondo, y acabe con la capa más delicada, de hierbas y hojas, tiras finas de beicon o migas de pan, y cierre el tarro con una tapa de rosca. *Et voilà*, su almuerzo saludable está listo y a punto para llevar. Simplemente consérvelo en el frigorífico del trabajo hasta la hora de comer. Cuando sea el momento, vuelva el tarro del revés y sacúdalo para que el aliño se mezcle con la ensalada. Cómala con cuchara o tenedor o pásela a un plato, para que el aliño impregne por igual toda la ensalada.

tarro de ensalada de jengibre, sésamo y langostinos con fideos

sale bastante para 2 tarros de boca ancha de 0,5–0,75 litros

Puede optar por excluir la cebolletas si está preocupado por su aliento posterior. Si las usa, remójelas en agua fría 15–30 minutos para suavizar su sabor. La ensalada puede conservarse hasta 2 días en el frigorífico, de modo que puede prepararla una noche y tomarla los dos días siguientes.

100 g de fideos de arroz
1 cucharada de aceite sin sabor, como el de semillas de uva o el de cacahuete
2 cucharadas de cacahuetes o anacardos
6 cucharadas de Aliño de soja y jengibre o de Salsa coreana de yogur y sésamo (pág. 18)
¼ a ½ chile picante rojo o verde, al gusto (opcional)
1 zanahoria mediana, rallada
½ pimiento rojo, sin semillas, en tiras finas cortadas del tamaño de un bocado
2 cebolletas, en rodajas finas (opcional)
150 g de langostinos cocidos, pelados
un puñadito de hojas de ensalada
un puñadito de hojas de cilantro

SL SG Si utiliza salsa tamari para el Aliño de soja y jengibre.

Cocine los fideos de arroz según las instrucciones del paquete. Cuando estén tiernos, escúrralos y enjuáguelos con agua fría. Escúrralos bien y mézclelos con el aceite para que no se peguen. Resérvelos.

Fría los frutos secos en seco a fuego medio hasta que se tuesten. Retírelos del fuego y déjelos templar. Trocéelos con un cuchillo afilado.

Reparta el aliño entre los dos tarros y mezcle el chile, si lo usa. Forme una capa con zanahoria y pimiento rojo seguidos de las cebolletas, si las usa. Añada los langostinos y luego los fideos y las hojas. Acabe con los frutos secos tostados y cierre las tapas. Las ensaladas están listas; consérvelas en frío hasta su consumo.

tarro de ensalada con quinoa mexicana, feta y maíz

sale bastante para 2 tarros de boca ancha de 0,5–0,75 litros

La fabulosa combinación de maíz dulce y sabroso queso feta que sirve Pulqueria, un restaurante mexicano de Nueva York, inspiró esta ensalada. La sirven en un tarro con una cuchara larga y, tras un par de margaritas, nuestras mentes empezaron a deliberar sobre qué otros alimentos combinarían bien con estos y podrían tomarse con cuchara sin mancharse en el trabajo. Los cereales son una opción evidente, al igual que los tomates cherry, y la combinación de zumo de lima y cilantro suele alegrar la vida. Si dispone de maíz fresco en mazorca, hiérvalo, extraiga los granos y utilícelos en lugar de la variedad en conserva. Si le quedan sobras de la Ensalada de cereales antiguos (pág. 157), utilícelas o simplemente hierva quinoa. La ensalada se conserva hasta 2 días en el frigorífico, de modo que puede prepararla una noche y tomarla los dos días siguientes.

80 g de quinoa
2 cucharadas de zumo de lima
6 cucharadas del mejor aceite de oliva
120 g de maíz dulce cocido, fresco o en conserva
80 g de queso feta, desmenuzado
unos tomates cherry enteros
un puñado de hojas de ensalada
un puñadito de cilantro fresco, troceado
sal y pimienta negra recién molida

SG V

Cocine la quinoa según las instrucciones del paquete. Resérvela y déjela templar.

Reparta el zumo de lima y el aceite de oliva entre los dos tarros, añada sal y pimienta y remuévalo. Disponga una capa de maíz y queso feta para formar una barrera que separe el aliño de la capa de quinoa cocinada y sazonada. Añada los tomates, un puñadito de hojas de ensalada mezcladas con el cilantro y cierre las tapas. Las ensaladas ya estarán listas. Consérvelas en el frigorífico hasta el momento de su consumo.

sabores indios

Ensalada de Papi y Ranjit de col y zanahoria con guisantes (arriba izquierda: pág. 175); Chutney de mango fresco (centro izquierda: pág. 188); Coliflor asada con garam masala y aliño de yogur de mango (abajo izquierda: pág. 48); Ensalada nepalí picante de cebolla y patata (centro: pág. 172); Raita de pepino (abajo derecha: pág. 185).

ensalada de falafels con hummus

salen unas 20 croquetitas

Esta receta de falafel judío típico nos la dio Silvia Nacamulli, que enseña cocina hebrea. Silvia me recomendó utilizar garbanzos secos y remojarlos la víspera, ya que los garbanzos en conserva no aguantan la cocción sin deshacerse. Nos gustan los falafels rebozados con semillas de sésamo crujientes.

Esta es la receta de hummus de nuestra amiga kuwaití Amal; a ella le gusta prepararlo muy fino y sedoso, pero si usted lo prefiere más consistente, deje de triturarlo antes. El hummus se conserva bien en el frigorífico durante 4 días.

para los falafels

250 g de garbanzos, remojados la víspera en agua fría
1 cebolla pequeña, troceada
1 cucharada de pimentón dulce
2 cucharaditas de comino molido
3 dientes de ajo, chafados
un puñadito de perejil de hoja lisa, sin tallos
un puñado grande de cilantro fresco, sin tallos
¾ a 1 cucharadita de sal
1 cucharada de semillas de sésamo tostadas o sin tostar
3–4 cucharadas de semillas de sésamo, para rebozar los falafels (opcional)
1 litro de aceite de oliva, maíz o girasol, para freír
pimienta negra recién molida

para el hummus

2 latas de 400 g de garbanzos, escurridos
4 cucharadas de yogur griego o agua fría (para una receta sin lácteos)
150 ml de aceite de oliva virgen extra, más 2 cucharadas para rociar
2 dientes de ajo grandes
zumo de 1 limón grande (aprox. 5 cucharadas), y más al gusto
4–5 cucharadas de tahina, al gusto
1 ½ cucharadita de sal
¼ de cucharadita de pimienta negra recién molida
1 cucharadita de zumaque, para decorar

sugerencias de presentación

un puñado de cilantro, picado (opcional), Aliño de tahina y limón (pág. 18), Tzatziki (pág. 92), Ensalada de zanahoria rallada, perejil y limón (pág. 148), Tabulé (pág. 68), pan de pita, hojas crujientes, aceitunas, tomates en rodajas, chiles encurtidos, pepino encurtido y pepinillos

SL SG V Ve

Para los falafels, escurra los garbanzos y tritúrelos, desechando el agua del remojo. Tritúrelos unos 30 segundos en el robot de cocina y luego añada la cebolla, el pimentón, el comino, el ajo, el perejil, el cilantro, la sal y pimienta negra recién molida. Vuelva a triturarlo todo hasta que la mezcla se asemeje a unas migas de pan gruesas. Pruébelas y rectifique la sal y la pimienta. Para terminar, añada las semillas de sésamo y triture con el robot un par de veces más. Refrigere el resultado durante 20–30 minutos, así los garbanzos absorberán los sabores de las hierbas.

Para preparar el hummus, triture todos los ingredientes en el robot de cocina, excepto 6 garbanzos y el zumaque, hasta obtener una pasta cremosa. Ajuste el sabor con más limón, tahina, sal o pimienta. Disponga el hummus en una fuente para servir, rocíelo con aceite de oliva y extiéndalo con el dorso de una cuchara. Así se consiguen dos cosas: el hummus adopta un aspecto lustroso y apetecible, y se protege la superficie de secarse en exceso. Espolvoree zumaque por encima y decore con los garbanzos reservados.

Saque los falafels del frigorífico y forme unas 20 bolitas ovaladas del tamaño aproximado de una nuez. Eche las semillas de sésamo, si las va a usar, en un bol y pase por ellas los falafels, uno a uno, dándoles la vuelta con cuidado y reservándolos.

Caliente el aceite en una sartén o wok y, cuando esté muy caliente, fría unos cuantos falafels juntos. Fría en poco aceite cada lado a fuego medio durante 2 minutos. Escúrralos sobre papel de cocina y sírvalos calientes, o a temperatura ambiente, con el hummus y una selección de acompañamientos.

para el pan de pita picante

Resulta delicioso servido con el hummus, el tzatziki, la crema de berenjenas o La salsa más alegre (pág. 59). Corte el pan de pita en tiras de 4 cm y divídalas por la mitad. Mézclelas en un bol grande con abundante aceite de oliva, un poco de chile y ajo picados finos y sal, y métalas 5 minutos en el horno muy caliente hasta que queden crujientes y algo doradas.

brocolini con aliño de limón, alcaparras y pipas peladas de calabaza

6 raciones

Cualquier miembro de la familia del brócoli sirve para esta ensalada. Nos gustan las cabezuelas del brócoli joven con tallos largos cuando es temporada. Si va a hacer una barbacoa, el brócoli es aún mejor cocinado al fuego.

600 g de brocolini y/o brócoli
1 cucharada de alcaparras, en sal o salmuera, bien aclaradas y escurridas
4 dientes de ajo, enteros, con piel y algo chafados
50 g de pipas peladas de calabaza
3 cucharadas de aceite de oliva virgen extra
sal y pimienta negra recién molida

para el aliño
zumo y raspadura fina de 1 limón
4 cucharadas de aceite de oliva virgen extra
1 cucharada de mostaza de Dijon
1 cucharada de miel cruda suave o jarabe de arce (opción vegana)

SL SG V Ve Si utiliza jarabe de arce.

Precaliente el horno a 200 °C / potencia 6 de gas. Forre una bandeja de horno con papel vegetal.

Si utiliza brocolini, corte los tallos por la mitad a lo largo, del extremo del tallo hasta el inicio de las cabezuelas, pero sin separarlos. Si utiliza un brócoli entero, corte la parte leñosa del tronco 1 cm. Sepárelo en cabezuelas con tallos largos, los cuales no deberían ser más gruesos de 1 cm para que se cocinen bien. Escalde los trozos en agua hirviendo con sal 5 minutos o hasta que los tallos queden tiernos, y luego retírelos y remójelos en agua bien fría para detener la cocción.

Disponga el brocolini, las alcaparras, los ajos y las pipas peladas de calabaza sobre la bandeja, rocíelos con aceite y salpimiéntelos generosamente. Áselos 15-20 minutos hasta que empiecen a dorarse.

Mientras, mezcle los ingredientes del aliño en una jarrita. Pase el brocolini a un bol y rocíelo con el aliño. Sírvalo caliente o déjelo enfriar a temperatura ambiente.

ensalada de zanahoria rallada, perejil y limón

6 raciones

Esta es una de las ensaladas más sencillas del libro y probablemente la que más preparamos en casa. Siempre disponemos de zanahorias, una hortaliza práctica que nos gusta a toda la familia y combina bien con toda clase de platos, desde mediterráneos a asiáticos o japoneses y sudamericanos.

3 zanahorias medianas, ralladas
un puñadito de perejil de hoja lisa, sin tallos gruesos, troceado
1 cucharada de zumo de limón
2 cucharadas de aceite de oliva virgen extra
1 cucharadita de semillas de cebolla negra
un puñadito de cilantro, sin tallos gruesos, troceado (opcional)
sal y pimienta negra recién molida

SL SG V Ve

Sencillamente, mezcle los ingredientes en un bol y salpimiéntelos al gusto. Sirva la ensalada al momento o consérvela en el frigorífico hasta 3 días. Si lo hace a temperatura ambiente conseguirá el mejor sabor.

variación
Para obtener un resultado más dulce, sustituya el zumo de limón por zumo de naranja y añada un puñadito de pasas a la ensalada.

ensalada de Atsuko de fideos soba con aliño de sésamo

6 raciones

Atsuko enseña cocina japonesa en su escuela de Londres, Atsuko's Kitchen. Aprendió a cocinar de su madre y su abuela en Kyushu, la isla meridional de Japón, y su pasión se refleja en sus recetas, perfectamente equilibradas. Esta ensalada se sirve fría y presenta texturas maravillosas, desde la de los fideos de trigo sarraceno hasta las crujientes hortalizas.

250 g de fideos soba cien por cien de trigo sarraceno
150 g de judías verdes
4 cebolletas, picadas
1 zanahoria mediana, rallada
½ pepino, pelado, sin semillas y cortado en semicírculos

para el aliño de sésamo
3 cucharadas de tahina
3 cucharadas de mirin
4 cucharadas de salsa de soja oscura o salsa tamari
2 cucharadas de vinagre de arroz
1 diente de ajo pequeño, picado
2 cucharadas de caldo dashi o agua fría
1 cucharada de semillas de sésamo negro, para decorar

SL V Ve

Cocine los fideos en agua hirviendo con sal durante 5 minutos o hasta que estén al dente. Escúrralos y enjuáguelos con las manos en un colador bajo el chorro de agua fría. Resérvelos en el colador.

Cocine las judías hasta que estén algo crujientes. Enfríelas bajo el chorro de agua fría. Resérvelas en el colador.

Triture en un robot de cocina o mezcle a mano los ingredientes del aliño. Es mejor triturarlos para que el aliño quede más suave. Si lo hace a mano, cerciórese de que el ajo esté bien picadito o cháfelo hasta convertirlo en una pasta con la hoja de un cuchillo.

Ponga los fideos, las judías y el resto de las hortalizas en una fuente grande y añada el aliño. Decore la ensalada con las semillas de sésamo y sírvala al momento o consérvela en el frigorífico hasta 2 horas.

tofu sedoso de Jeremy con aliño de cebollino chino y salsa doubanjiang

4 raciones como plato principal, 6 como entrante

Esta ensalada es de Jeremy Pang, que dirige el restaurante School of Wok de Londres. Yo compro por internet la pasta doubanjiang, de alubias, pero se puede encontrar en las tiendas de alimentación chinas. El aliño también puede tomarse con fideos de arroz y ensalada. Sírvala con la Ensalada de pepino chafado (pág. 184).

para el aliño
3 cucharadas de habas de soja saladas, pasta de habas de soja o miso
2 cucharadas de doubanjiang (pasta picante de alubias)
3 cucharadas de salsa de soja clara
1 cucharada de chinkiang (vinagre negro de arroz) o balsámico
1 cucharada de miel cruda suave
3 cucharadas de caldo vegetal o agua
1 cucharada de aceite de sésamo sin tostar o de cacahuete

para el tofu
350 g de tofu firme sedoso
un puñadito de cebollino chino o normal, cortado en tiras de 3 cm
1 puñado grande de brotes de soja, bien lavados
3 cebolletas, en láminas finas, cortadas en diagonal
⅓ de pepino inglés, pelado, sin semillas y troceado
ramitas de cilantro, para decorar

SL V

Para elaborar el aliño, chafe las habas de soja saladas hasta formar una pasta gruesa (o utilice la pasta de habas de soja o el miso) y luego mézclela bien con el resto de ingredientes para el aliño.

Con cuidado, abra el envase del tofu, deje que salga el agua, y páselo a la fuente para servir. Rebane el trozo de tofu en láminas de 3 mm, manteniendo intacta la forma del bloque. Coloque la mano sobre el tofu y presiónelo suavemente hacia abajo y hacia uno de los extremos cortos para que las láminas queden ladeadas. Así dispondrá de más superficie para absorber el aliño.

Esparza el cebollino sobre el tofu y luego añada los brotes de soja. Vierta el aliño por encima y agregue las cebolletas y el pepino. Decore el tofu con el cilantro.

6

ensalada rosa de remolacha y manzana

verduras à la grecque

ensalada de cereales antiguos con semillas, frutos secos y cebolla asada

ensalada de pomelo con aliño de coco y lima

tomate y berenjena al estilo marroquí

fattoush

judías verdes con tomate y especias

kabsa de quinoa con hashu de frutos secos

ensalada de maíz y aguacate con aderezo de lima picante

ensalada de patatas bravas

ensalada de espárragos y patatas nuevas con vinagreta de aceite de nueces

salsa de tomate picante

ensalada nepalí picante de cebolla y patata

kimchi

ensalada de Papi y Ranjit de col y zanahoria con guisantes

unas simples guarniciones

ensalada de remolacha, naranja, almendras y eneldo

ensalada de berros baby y almendras con aliño de suero de leche

ensalada por capas de garbanzos y salsa de tamarindo
con aliño de yogur

ensalada de zanahoria y jengibre

ensalada de aguacate y naranja

ensalada de jícama

ensalada de pepino chafado

raita de pepino

ensalada de quinoa, calabacín y maíz

ensalada cruda de brotes, castañas y achicoria

ensalada de patatas nuevas con vinagreta de balsámico, salvia y romero

salsa de piña y jengibre

chutney de mango fresco

salsa pico de gallo

ensalada verde

ensalada rosa de remolacha y manzana

4–6 raciones

Esta ensalada sueca, espectacular por su color rosa, resulta deliciosa con arenques en conserva, huevos cocidos o queso. Si desea ahorrar tiempo, compre la remolacha cocida, pero no en vinagre.

500 g de remolacha cruda
2 manzanas crujientes, tipo Granny Smith
200 ml de nata agria
100 ml de Mayonesa casera (pág. 21) o comprada
1 cucharada de vinagre de sidra
1 chalota, picada fina
100 g de pepinillos, troceados
1 cucharada de alcaparras pequeñas, en sal o salmuera, bien lavadas (opcional)
sal y pimienta negra recién molida
1 cucharada de eneldo picado fino y/o unas nueces troceadas, para decorar

SG V

Ponga la remolacha entera, sin pelar, en una olla mediana con agua hirviendo y déjela cocer 1 hora hasta que quede blanda. Frote la piel para eliminarla y corte la parte superior e inferior. Córtela en dados de 2 cm y dispóngala en una fuente para servir.

Corte las manzanas y retire las semillas (nosotros las dejamos con piel) en dados de 2 cm y añádalas a la fuente. Mezcle el resto de los ingredientes con la remolacha y las manzanas, pruebe y rectifique la sal y la pimienta, y sírvala decorada con eneldo, nueces o ambos.

verduras à la grecque

4 raciones

Esta es una receta de Alain Roux. Yo andaba desesperada por reproducir los *champignons à la grecque* que recordaba de unas vacaciones en Normandía. Las verduras preparadas así son un buen acompañamiento para cualquier pescado o carne, tanto frío como caliente. Se pueden variar las hortalizas y utilizar las de temporada, pero yo prefiero añadir más champiñones porque me recuerdan el plato de mi infancia. Algunas de las hortalizas favoritas de Alain son los espárragos trigueros, las alcachofas, los bulbos de hinojo baby, las cabezuelas de coliflor y brócoli, el apionabo y las ramas de apio tiernas.

Alain me contó que este plato sale mejor si se prepara con unas horas de antelación o la víspera, y se sirve con pan tostado crujiente. Yo dejo cocer más tiempo las judías, ya que a Giancarlo no le gustan cuando crujen; los italianos las cuecen mucho más que los franceses, pero dejo esta discusión para ellos.

para el aliño à la grecque

½ cucharadita de semillas de cilantro
½ cucharadita de granos de pimienta blanca
50 ml de vinagre de vino blanco
125 ml de aceite de oliva
3 cucharadas de concentrado de tomate
75 ml de zumo de limón
2 dientes de ajo grandes, chafados
1 hatillo de hierbas
50 g de azúcar glas
una pizca de sal

para la ensalada

1 kg de hortalizas baby de su elección, limpias (Alain utiliza 8 bulbos de hinojo baby, 8 zanahorias baby, 8 calabacines baby, partidos a lo largo por la mitad, unas cuantas judías verdes, unos cuantos rábanos, 8 cebolletas pequeñas, 12 champiñones pequeños)
2 cucharadas de hojas de perejil de hoja lisa picadas, para decorar

SL SG V Ve

Chafe las semillas de cilantro y los granos de pimienta en un mortero. Ponga los ingredientes del aliño más 125 ml de agua en una cazuela grande a fuego bajo y déjelos hervir suavemente 15 minutos, removiéndolos de vez en cuando.

Mientras, escalde todas las verduras, excepto los champiñones, por separado en agua hirviendo con sal: deje 2 minutos el hinojo y las zanahorias, y unos 30 segundos el calabacín, las judías, los rábanos y las cebolletas. Escurra y añada las verduras al aliño. Incorpore los champiñones crudos y déjelo cocer todo 5 minutos.

Deseche el hatillo de hierbas, ponga las verduras en una fuente para servir con el aliño, y déjelas templar. Salpiméntelas al gusto, espolvoree perejil por encima y sirva el plato tibio o a temperatura ambiente.

ensalada de cereales antiguos con semillas, frutos secos y cebolla asada

4–6 raciones

«¿Tiene cereales tradicionales?», preguntó un estadounidense que se sentaba junto a mí en el avión. Se dio cuenta de que estaba escribiendo sobre ensaladas porque tenía el portátil abierto, y me explicó lo mucho que le gustaban el kasha (trigo sarraceno), el farro y el freekeh. Dijo que estos cereales tradicionales estaban muy de moda en Estados Unidos. A él le gustaba la textura, la consistencia a la hora de masticarlos. De modo que, Neil, aquí está tu ensalada de cereales tradicionales.

Iba a ser un acompañamiento que ofreciera textura e hidratos de carbono sin enmascarar platos principales de carne, pescado o verduras, pero si lo convierte en plato único, complételo con queso feta, semillas de granada, higos frescos, huevos o garbanzos cocidos. También puede servirse con Salsa harissa (pág. 80), Hummus (pág. 146) o el Aliño de tahina y limón (pág. 18). También lo hemos probado con trocitos crujientes de beicon ahumado y dátiles troceados, o con limones en conserva y tomates secos picados; ambas opciones aportan más capas de sabor.

200 g de cereales antiguos, como freekeh, quinoa, farro, trigo sarraceno o arroz rojo o integral
1 berenjena grande, en dados de 1 cm
2 cebollas rojas grandes, una en dados de 1 cm, otra en láminas finas
2 dientes de ajo grandes, con piel y algo chafados
4 cucharadas de aceite de colza o aceite de oliva virgen extra
75 g de mezcla de almendras, pistachos, piñones y pipas peladas de calabaza o de girasol
750 ml de aceite de cacahuete
un puñado grande de perejil de hoja lisa, troceado
3 cucharadas de fruta seca, como arándanos, agracejos, cerezas, arándanos rojos, grosellas u orejones troceados
sal y pimienta negra recién molida

para el aliño
zumo de 1 limón mediano
5 cucharadas de aceite de colza o aceite de oliva virgen extra

SL SG V Ve Si utiliza quinoa, trigo sarraceno o arroz.

Precaliente el horno a 200 °C / potencia 6 de gas.

Cocine los cereales según las instrucciones del paquete. Escúrralos y déjelos templar en un colador.

Ponga la berenjena, las cebollas en dados y el ajo en un bol, salpimiéntelos y rocíelos con el aceite. Extienda las verduras en una bandeja de horno y áselas 15–20 minutos hasta que se doren ligeramente. Retírelas del horno y resérvelas.

Mientras, tueste las semillas y los frutos secos en otra bandeja 5–7 minutos, justo para que se doren. Déjelos templar.

Caliente el aceite de cacahuete en una cazuela pequeña hasta que al tirar una miga de pan, esta burbujee. Fría la cebolla en láminas hasta que quede crujiente. Tardará 3–4 minutos: tenga cuidado porque se quema con facilidad. Déjela escurrir sobre papel de cocina y sálela.

Mezcle los ingredientes del aliño y salpimiéntelos al gusto. Disponga todos los ingredientes en un cuenco, excepto la cebolla frita. Incorpore el aliño y páselo todo a una fuente para servir. Esparza la cebolla frita por encima y sirva al momento o conserve el plato en el frigorífico hasta que vaya a tomarlo. Si la ensalada está fría, deje que se temple antes de servirla.

ensalada de pomelo con aliño de coco y lima

4–6 raciones

Esta ensalada procede del Market Restaurant and Cooking School de Hoi An, donde aprendimos a preparar unas maravillosas ensaladas vietnamitas. La variedad de pomelo que se utiliza allí es más suave de sabor y la pulpa se desmenuza fácilmente. Este tipo de fruta se vende en las tiendas de alimentación asiática, ya que con ella se prepara una ensalada refrescante y distinta. Si no la encuentra, este delicioso aliño tropical combina igual de bien con cualquier hortaliza cruda cortada en dados o en tiras, como la col, las coles de Bruselas, las cintas de calabacín o pepino, o el pomelo rosado. La ensalada también puede completarse con langostinos o pollo si lo desea.

para el aliño

4 cucharadas de leche de coco
2 cucharadas de zumo de lima
1 cucharadita de miel cruda suave (opcional)
½ cucharadita de salsa picante de chile, como Sriracha
sal y pimienta negra recién molida

para la ensalada

750 ml de aceite de girasol o de otra semilla, para freír
1 chalota alargada o cebolla pequeña, picada fina
2 dientes de ajo grandes, en rodajas finas
1 pomelo
1 cebolla blanca pequeña, en láminas finas y remojada en agua fría 15 minutos
un puñadito de hojas de menta
un puñado de cilantro u otra hierba asiática, como albahaca tailandesa
¼ a ½ chile rojo o verde, al gusto, picado fino
1 rama de apio, cortada en bastoncitos
1 tallo de hierba limón, en rodajas finas

SL SG V Ve Si no se utiliza miel.

Mezcle los ingredientes del aliño y salpimiéntelo al gusto.

Caliente el aceite en una cazuela pequeña a fuego fuerte y sofría la cebolla y los ajos hasta que se doren. Tardarán solo uno o dos minutos, por lo que hay que vigilar que no se quemen. Déjelos escurrir sobre papel de cocina.

Pele y desmenuce la pulpa del pomelo con las manos. Mezcle el resto de los ingredientes en una fuente con el aliño, y esparza la chalota y el ajo fritos por encima.

tomate y berenjena al estilo marroquí

4 raciones

Esta untuosa mezcla de berenjena ahumada con tomate especiado resulta exquisita con pan, con hojas de lechuga o servida como acompañamiento de pescado o carne a la plancha. Si la elabora en invierno, utilice 200 g de tomates troceados en lata, en lugar de frescos y el concentrado de tomate.

2 berenjenas grandes
3 cucharadas de aceite de oliva virgen extra, más 1 cucharada para decorar
4 tomates redondos, en dados de 1 cm
3 cucharadas de concentrado de tomate
2 cucharadas de vinagre suave de vino blanco o tinto
1 diente de ajo grande, picado fino
1 cucharadita colmada de comino molido
1 cucharadita de sal
1 cucharada colmada de cilantro picado fino
1 cucharada colmada de perejil de hoja lisa, picado fino, más unas hojas para decorar

SL SG V Ve

Precaliente el horno a 220 °C / potencia 8 de gas.

Pinche las berenjenas por cuatro sitios con un cuchillo afilado y luego póngalas en una bandeja de horno y áselas 45 minutos hasta que se quemen. Deberían están tan chamuscadas que la piel se desprenda y se vuelva blanca. Si no, puede quemar las berenjenas pinchadas con un soplete de cocina o sobre una llama, sujetándolas con cuidado y dándoles la vuelta con unas pinzas de metal. La piel tarda unos 5 minutos en quemarse.

Deje templar las berenjenas y, luego, pélelas y deseche la piel. Esto es más fácil bajo un chorro de agua fría si se han cocido con una llama. Trocee la pulpa y resérvela en un bol.

Vierta el aceite en una sartén y añada los tomates troceados. Déjelos cocer unos minutos hasta que se ablanden y luego añada el resto de los ingredientes, junto con las berenjenas. Utilice una cuchara de madera grande o espátula para remover y que se mezcle todo bien. Cubra parcialmente la sartén con una tapa y déjela cocer unos 20 minutos a fuego bajo para espesar la mezcla y obtener una pasta al evaporarse el agua.

Pruebe y rectifique la sal si es necesario. Sirva el plato caliente o a temperatura ambiente con un chorrito de aceite de oliva y un poco de perejil por encima.

fattoush

6–8 raciones

Esta famosa ensalada libanesa es popular desde hace siglos y constituye una gran manera de utilizar el pan de pita que ya no está en su punto. Las hortalizas deberían ir cambiándose con las estaciones y cortarse en trozos del tamaño de un bocado en lugar de trocearse pequeñas como para el tabulé. Queda de maravilla con cualquier salsa de Oriente Medio o bien como acompañamiento de carnes asadas o a la barbacoa. El intenso sabor cítrico del zumaque aporta una nota ácida al plato.

Amal Alquahtani me enseñó a tostar el pan para esta ensalada: marca la diferencia y sirve para utilizar las sobras del pan de pita. Se pueden hacer trozos más grandes y usarlos para mojar en salsas.

1 chalota, en aros finos
4 panes de pita integrales o blancos
¼ a ½ chile rojo, picado fino
1 diente de ajo, picado fino
4 cucharadas de aceite de oliva
1 lechuga romana, en tiras de 3 cm
3 tomates, en dados de 3 cm, o 12 tomates cherry, partidos por la mitad
1 pepino, pelado y en dados de 1 cm
3 rábanos, en rodajas
un puñadito de hojas de menta, sin tallos gruesos
un puñadito de perejil, troceado y sin tallos duros
1 cucharadita de semillas de cebolla negra (opcional)
sal y pimienta negra recién molida

para el aliño
1 diente de ajo, picado fino
zumo de 1 limón
100 ml de aceite de oliva virgen extra
3 cucharadas de melaza de granada
1 cucharada de vinagre de vino tinto
1 cucharadita de zumaque, y más para servir
1 cucharadita de azúcar (opcional)

SL V Ve

Precaliente el horno a 200 °C / potencia 6 de gas.

Remoje los aros de chalota en agua fría 20–30 minutos para rebajar el sabor y luego escúrralos bien.

Corte el pan, con tijeras, en tiras de 3 cm y ábralas; después rompa cada tira en tres y mézclelas en un bol con chile, ajo, aceite de oliva, sal y pimienta. Dispóngalo sobre una bandeja de horno y tuéstelo 10–15 minutos. Sáquelo del horno y déjelo templar.

Mezcle los ingredientes del aliño y salpimiéntelo al gusto. Añada un poco de azúcar si el resultado es demasiado ácido.

Ponga todos los ingredientes de la ensalada en una fuente grande, incluido el pan ya templado, y remuévalos con cuidado junto con el aliño. Espolvoree zumaque por encima y sirva el fattoush.

judías verdes con tomate y especias

4-6 raciones

Esta es otra receta de nuestra amiga kuwaití Amal, aunque existen variaciones por todo Oriente Medio y el Mediterráneo. No se asuste con la cantidad de aceite de oliva, ella utilizó mucho más y no se echa a perder, ya que se puede mojar pan al final. Las judías se cocinan lentamente con el tomate y el aceite de oliva, cosa que las deja tiernas y ligeramente picantes gracias al ajo y a la guindilla. Este plato normalmente es un acompañamiento y se puede servir caliente o a temperatura ambiente, pero yo me tomaría un bol entero solo o con huevos fritos.

1 cebolla roja o blanca mediana, picada fina
7 cucharadas de aceite de oliva virgen extra
2 dientes de ajo, picados finos
¼ a ½ cucharadita de copos de guindilla seca, al gusto
325 ml de judías verdes, cortadas
250 g de tomates, troceados
2 cucharadas colmadas de concentrado de tomate
sal y pimienta negra recién molida
un chorrito de zumo de limón, para servir
un poco de zumaque, para decorar

SL SG V Ve

Sofría la cebolla con aceite en una sartén grande tapada a fuego bajo unos 10 minutos. Añada el ajo y los copos de guindilla, siga friéndolos 2 minutos más a fuego bajo y luego incorpore las judías, los tomates, el concentrado, 100 ml de agua, sal y pimienta. Cubra parcialmente la sartén con la tapa y deje cocer las judías hasta que estén tiernas; según el tamaño, tardarán entre 20-30 minutos.

Pruebe la salsa y añada más sal, pimienta o guindilla al gusto. Exprima un poco de zumo de limón por encima, espolvoree zumaque y sirva el plato al momento o déjelo templar y sírvalo a temperatura ambiente.

kabsa de quinoa con hashu de frutos secos

6–8 raciones

Esta receta ligeramente especiada está basada en un plato de arroz kuwaití llamado Kabsa y nos la enseñó nuestra amiga Amal. Tradicionalmente, se hierve un pollo entero para elaborar el caldo y luego el arroz se cuece en él con especias. Entonces se asa el pollo y se sirve con el arroz. Si le gusta preparar caldo pruebe este método o utilice el Pollo de la coronación con lichis (pág. 72) o el de la Ensalada de pollo y col (pág. 81). Si cocina para vegetarianos, utilice caldo vegetal en su lugar.

Hemos empleado quinoa, pero también se puede preparar con arroz o cuscús. El plato puede ser así de simple, aunque se le pueden añadir hortalizas asadas u hojas de ensalada si lo desea.

para el caldo

1 litro de caldo de pollo
5 vainas de cardamomo, ligeramente chafadas
1 rama grande de canela
1 cucharadita de cilantro molido
½ cucharadita de pimienta negra molida
3 clavos
1 cucharadita de comino en polvo
1 cucharadita de cúrcuma en polvo
3 dientes de ajo, enteros pero algo chafados
1 manojito de tallos de cilantro o perejil
una pizca de hebras de azafrán

para el hashu

1 chalota, picada fina
1 diente de ajo, picado fino
2 cucharadas de aceite de oliva virgen extra
un puñado de piñones, almendras o pistachos o una mezcla de los 3
50 g de pasas sultanas, remojadas
una pizca de hebras de azafrán
una pizca de lima seca picada o raspadura de lima fresca
un chorrito de agua de rosas (opcional)
sal y pimienta negra recién molida

para la quinoa

250 g de quinoa, arroz (para una receta sin gluten) o cuscús
100 g de orejones ecológicos
arilos de una granada
un puñado de hojas de cilantro, troceadas
un puñado de hojas de perejil, troceadas

SL SG Si utiliza quinoa o arroz.

Ponga los ingredientes del caldo en una olla mediana, llévelos a ebullición y déjelos hervir suavemente unos 20 minutos, a fuego bajo.

Mientras, prepare el hashu. Sofría con cuidado la chalota y el ajo en el aceite con 3 cucharadas de agua durante 10 minutos, hasta que estén tiernos. Añada los frutos secos, las pasas, el azafrán, la raspadura de lima, sal y pimienta, y el agua de rosas, si la utiliza, y remuévalo todo. Déjelo cocer 5 minutos y resérvelo.

Pruebe el caldo y rectifique la sal. Si los sabores no son lo bastante fuertes, déjelo cocer 10 minutos más. Cuando esté listo, cuélelo y deseche los ingredientes sólidos.

Cocine la quinoa según las instrucciones del paquete, con el caldo en lugar de agua. Escúrrala y déjela templar.

Mezcle la quinoa con los orejones, los arilos de granada y las hierbas, y sírvala con el hashu por encima.

ensalada de maíz y aguacate con aderezo de lima picante

6-8 raciones

Nos encanta el sabor del maíz algo chamuscado, que le da a una simple mazorca un gusto caramelizado de palomitas caseras y aporta una nota de fruto seco y dulce a esta ensalada. Si no encuentra judías negras, cualquier variedad cocida en conserva sirve igual. Al exprimir las limas, métalas en el microondas 15-20 segundos para que resulte más fácil sacarles el jugo. Las instrucciones de la receta son para cocinar en el interior, pero si dispone de una barbacoa en marcha, chamuscar las mazorcas es rápido y les proporciona un delicioso sabor ahumado.

para la ensalada

4 mazorcas de maíz, sin hojas ni hilos sedosos
1 cebolla roja pequeña o 5 cebolletas, picadas finas
400 g de alubias negras en lata
250 g de tomates cherry, partidos por la mitad
1 pimiento rojo o amarillo, sin semillas y cortado en dados de 1 cm
1 aguacate, pelado, sin hueso y en dados de 1 cm
un puñadito de cilantro, troceado

para el aliño

6 cucharadas de zumo de lima fresca, de 3-4 limas
5 cucharadas de aceite de oliva virgen extra
1 diente de ajo, troceado (opcional)
½ cucharadita de orégano seco
½ cucharadita de comino en polvo
⅛ a ¼ de jalapeño u otro chile, al gusto, picado fino
½ cucharadita de sal
pimienta negra recién molida

SL SG V Ve

Precaliente el gratinador a potencia media-alta.

Disponga las mazorcas sobre una rejilla, colóquelas bajo el gratinador y deje que se tuesten, vigilándolas y dándoles la vuelta para que no se quemen hasta el punto de carbonizarse: tardarán unos minutos. Deben quedar doradas con algunas manchitas negras en lugar de parecer que han bajado por la chimenea. Resérvelas y déjelas templar.

Mientras, ponga las cebollas en un bol con agua fría para suavizar su sabor. Déjelas reposar 10 minutos, luego escúrralas y resérvelas.

Escurra y lave las judías en un colador, bajo un chorro de agua fría. Resérvelas.

Cuando el maíz esté frío, sujete cada mazorca en vertical sobre un bol grande y corte con un cuchillo hacia abajo cerca del tronco para que se suelten los granos. Si los granos quedan formando tiras, desgránelas. Pase el maíz a una fuente de servir y añada el resto de los ingredientes.

Mezcle los ingredientes del aliño en una jarrita o cuenco. Salpiméntelo al gusto, viértalo sobre la ensalada, remuévala con cuidado y sírvala.

ensalada de patatas bravas

6-8 raciones

Esta ensalada se basa en la receta de este popular plato que nos dio la cocinera catalana Carolina Català-Fortuny. El toque, algo turístico pero no menos delicioso, es la mayonesa con ajo. Puede echarse sobre la salsa brava o bien servirse aparte. Nuestros hijos creen que la receta es mejor con patatas fritas o asadas, pero a nosotros nos gusta con patatas nuevas hervidas. Son las que usamos en la foto, pero cualquier patata cocinada sirve. Es un acompañamiento ideal para carnes o pescados a la barbacoa.

1,2 kg de patatas nuevas o viejas, enteras y con piel
4 cucharadas de aceite de oliva virgen extra
sal y pimienta negra recién molida

para la salsa brava

3 cucharadas de aceite de oliva virgen extra
1 ½ cucharadas de pimentón dulce
1 cucharada de vinagre de vino tinto
200 g de tomates en lata, troceados
una pizca de cayena o chile en polvo o un chorrito de tabasco (opcional)

para la mayonesa de ajo

1 diente de ajo pequeño, picado fino
125 ml de Mayonesa casera (pág. 21) o comprada
un puñadito de perejil, sin tallos y troceado, para decorar

SL SG V

Hierva las patatas en agua con sal hasta que se cuezan mínimamente, pero no deje que se hagan demasiado y se rompan. Escúrralas en cuanto estén listas y déjelas templar un poco.

Mientras, prepare la salsa. Caliente el aceite de oliva a fuego bajo en una cazuela, añada el pimentón y fríalo un par de minutos, removiéndolo constantemente para que no se queme. Luego agregue el vinagre y cocínelo 2 minutos más hasta que se evapore casi del todo. Luego añada los tomates y una pizca de sal, y deje cocer la salsa a fuego medio hasta que se espese, removiéndola con frecuencia. Chafe los tomates. Habrá tardado unos 15 minutos. Incorpore la cayena, el chile o el tabasco, al gusto, hacia el final. Triture el resultado con una batidora para obtener una salsa cremosa.

Mezcle el ajo con la mayonesa en un bol pequeño y resérvela.

Caliente el aceite de oliva en una sartén antiadherente y, cuando alcance la temperatura adecuada, añada las patatas, rompiéndolas con las manos. Salpimiéntelas y fríalas a fuego medio unos 10 minutos hasta que se doren. Según el tamaño de la sartén, es posible que deba hacerlo por tandas.

Carolina sugiere echar la salsa brava sobre las patatas calientes, sin cubrirlas del todo. Así, los comensales pueden elegir el tamaño de patata que desean, con poca o mucha salsa. Vierta la mayonesa por encima y espolvoree perejil para servirlas.

ensalada de espárragos y patatas nuevas con vinagreta de aceite de nueces

6 raciones

Este es un delicioso acompañamiento para un bufé de verano o cualquier asado de pollo o pescado cuando es temporada de espárragos. Una alternativa es añadir huevos de codorniz pasados por agua a la ensalada y servirla como entrante o plato principal. Nos gusta utilizar el aceite de la cocción de las hortalizas para la vinagreta, al cual añadimos un poco de aceite de nueces para enriquecer el sabor.

500 g de patatas nuevas, lavadas
12 huevos de codorniz (opcional)
250 g de espárragos, sin tallos duros
150 g de puerros baby o cebolletas, sin tallos duros verdes
5 cucharadas de aceite de oliva virgen extra
un puñado grande de hojas de lechuga firmes, como Baby Gem o romana, troceadas y sin tallos amargos
un puñado de perejil, troceado
1 ración de Vinagreta clásica (pág. 20); en vez del aceite de la receta, utilice el aceite de cocción de la bandeja y el de nueces
sal y pimienta negra recién molida

SL SG V Ve Si no se utilizan huevos.

Cocine las patatas con piel, en abundante agua hirviendo, hasta que estén tiernas. Escúrralas.

Si utiliza huevos, deposítelos con cuidado en un cazo con agua hirviendo y déjelos cocer 2 minutos. Retírelos del agua e inmediatamente póngalos en agua fría; rompa las cáscaras enseguida para que no se forme un anillo azul. Pélelos cuando se puedan tocar sin quemarse y resérvelos.

Precaliente el horno a 180 °C / potencia 4 de gas.

Ponga los espárragos y los puerros en una bandeja de horno, mézclelos con el aceite de oliva y salpimiéntelos. Cocínelos 12-15 minutos o hasta que se doren un poco y se ablanden. Retírelos del horno y déjelos templar.

Ponga la lechuga, el perejil, las hortalizas y el aliño en una fuente para servir y remueva todo con cuidado. Salpimiente la ensalada al gusto y sirva los huevos partidos por la mitad a un lado, si los usa.

salsa de tomate picante

8–10 raciones

Cada vez que nuestra buena amiga Margaret Boynton nos visita, le pedimos que nos haga su salsa picante para tomarla con tortillas de maíz. Ralla queso cheddar sobre las tortillas y las gratina unos minutos antes de comerlas calientes con la salsa. Creció en Texas y ahora vive en Georgia, por lo que sabe cómo adaptar la salsa estilo texmex; cuando no se dispone de tomates frescos, los utiliza en lata. Con esta receta se obtiene una buena cantidad de salsa, pero puede conservarse en el frigorífico hasta 4 días. Las semillas de chía son mi aportación para espesar la salsa.

6 cebolletas, troceadas
½ cucharadita de ajo en polvo o en gránulos o 1 diente de ajo grande, picado fino
2 latas de 400 g de tomates enteros o troceados
⅛ a ¼ de jalapeño u otro chile, al gusto, troceado
½ cucharadita de polvos de chile chipotle ahumado (opcional)
1 cucharadita de comino en polvo
1 cucharada de vinagre de vino tinto o 2 cucharadas de zumo de lima
un puñadito de cilantro fresco, troceado
1 cucharada de semillas de chía (opcional)
sal y pimienta negra recién molida

SL SG V Ve

Escurra el tomate (guarde el jugo para un cóctel Bloody Mary) y luego triture brevemente todos los ingredientes hasta que las cebollas queden picadas.

ensalada nepalí picante de cebolla y patata

6-8 raciones

Esta receta me la dio un amigo nuestro, Prajwal Parajuly, escritor indio-nepalí. La comida nepalí es tradicionalmente picante y especiada: esta receta suele acabarse con chiles fritos y semillas de alholva, cosa que le otorga un sabor muy picante y algo amargo. Hemos reducido la cantidad de chile para adaptarlo a nuestro paladar occidental y hemos sustituido la alholva por semillas de cebolla negra. Nos encanta tomar este plato con huevos cocidos partidos por la mitad y Chutney de mango fresco (pág. 188) o Raita de pepino (pág. 85) o el Salmón y langostinos tandoori (pág. 112).

1 pepino grande
1 cebolla roja, cortada en medias rodajas finas
500 g de patatas, de un solo tipo o una mezcla de boniatos, blancas o nuevas, peladas y cortadas en dados de 2 cm
3 cucharadas de semillas de sésamo
zumo de 1 limón grande, y más al gusto
4 cucharadas de aceite de oliva o de semillas
½ a 1 chile rojo o verde, al gusto, troceado
1 cucharadita de semillas de cebolla negra
½ cucharadita de granos de pimienta de Sichuán, molidos
½ cucharadita de cúrcuma en polvo
1 cucharadita de chile en polvo
un puñado grande de cilantro, sin tallos gruesos, troceado
un puñado grande de hojas de menta, sin tallos gruesos, troceadas
sal

SL SG V Ve

Pele el pepino y córtelo por la mitad a lo largo. Retire las semillas con una cuchara y deséchelas. Corte el pepino en bastoncitos de 1 cm de ancho y 4 cm de largo. Póngalos en un colador y espolvoréelos con 1 cucharadita de sal. Esto hará que suelten agua y queden crujientes para la ensalada. Resérvelos 30 minutos.

Remoje la cebolla en agua fría para suavizar su sabor.

Mientras, cocine las patatas en abundante agua hirviendo con sal hasta que estén hechas pero no se rompan. Escúrralas y resérvelas para que se templen un poco.

Tueste las semillas de sésamo en una sartén en seco hasta que empiecen a saltar y se doren. Retírelas del calor y póngalas en un plato para que se enfríen.

Lave el pepino y escúrralo bien, y póngalo en un bol grande. Escurra la cebolla y añádala al bol con las patatas y el zumo de limón.

Caliente el aceite en una cazuela y, cuando alcance la temperatura adecuada, fría el chile hasta que empiece a dorarse. Añada el resto de las especias y fríalas un minuto más, removiendo todo constantemente. Vierta este aceite frito sobre la ensalada, espolvoree las hierbas frescas y las semillas de sésamo por encima y mézclelo todo. Pruebe y rectifique la sal o el zumo de limón si es necesario. Sirva la ensalada a temperatura ambiente.

kimchi

salen aproximadamente 1,25 kg

El kimchi coreano era una forma tradicional de conservar la col para poder tomarla durante todo el invierno. Es muy popular en Corea y en todas las casas se cocina de una manera diferente. Se cree que es bueno para la salud porque contiene probióticos naturales, como lactobacilos, antioxidantes y fibra, además de vitaminas y minerales.

Nuestra vecina coreana, Hye Yeong, nos dio esta receta. Ella lo toma desde fresco, el día que lo prepara, hasta seis meses después con arroz y semillas de sésamo, en sofritos orientales o con platos con cerdo.

A menudo, el kimchi se elabora con polvos de arroz dulce y glutinoso –para darle una forma parecida a unas gachas– y se enfría, cosa que facilita que la pasta se pegue a las verduras, pero no es fácil encontrarlos, de modo que lo solemos hacer sin ellos. Puede utilizar otras hortalizas además de la col o únicamente esta.

1 kg de col china (1-2 coles, según su tamaño)
6 cucharadas de sal marina fina o gruesa, y hasta 2 cucharaditas más, al gusto
1 cebolla blanca mediana
2 cucharaditas de jengibre fresco rallado
2 dientes de ajo grandes
2-3 cucharadas de chile rojo coreano en polvo o copos de guindilla seca, al gusto
1-2 cucharadas de azúcar, al gusto (opcional)
2 cucharadas de salsa de pescado coreana (opcional)
200 g de hortalizas, tipo rábano blanco gigante, zanahoria o rábano, cortadas en juliana
5 cebolletas, en cuartos a lo largo, y cortadas en tiras de 5 cm, o un puñado grande de cebollino
arroz y semillas de sésamo tostadas, para servir

SL SG

Corte los tallos gruesos de las coles y pártalas por la mitad a lo largo. Córtelas en forma de triángulo para eliminar el resto de los tallos duros. Corte cada mitad en 5 trozos por las hojas para obtener dados de col de 6 x 6 cm. Lave la col y escúrrala, y luego mézclela con las 6 cucharadas de sal con las manos. Deje la col con la sal durante 4 horas, dándole la vuelta cada hora.

Mientras, triture la cebolla, el jengibre, el ajo, el chile, el azúcar y la salsa de pescado, si los usa, para preparar una pasta especiada.

Cuando la col se haya impregnado de la sal, lávela bien cambiando el agua dos veces. Para ello, utilice dos boles, uno con la col y agua y el otro vacío. Saque la col del agua con las manos para que caiga el agua salada. Llene el segundo bol con agua y repita el proceso: debería quedar un rastro de sabor salado. Si lo es demasiado, aclárela de nuevo. Deje escurrir la col en un colador 30 minutos más.

Ahora mezcle con las manos la pasta de chile con las hojas de col, el resto de las hortalizas y las cebolletas, y cerciórese de que se impregnen bien. Introdúzcalo todo en un recipiente hermético de plástico de 3 litros de capacidad presionando el contenido para que no quede demasiado aire dentro. Cierre la tapa y déjelo reposar un día a temperatura ambiente.

Meta el recipiente al frigorífico, donde fermentará lentamente. Presione cada día durante la primera semana. Se puede comer directamente o dejarlo hasta 6 meses en el frigorífico, donde el sabor madurará poco a poco. Cuando desee comerlo, sírvase la cantidad que desee y presione el resto para que quede cubierto con el jugo. Sírvalo con arroz y semillas de sésamo tostadas.

ensalada de Papi y Ranjit de col y zanahoria con guisantes

4–6 raciones

Shanthini, de Papi's Pickles, una cooperativa londinense de catering indio, nos dio a conocer esta ensalada. Se llama Poriyal en el sur de la India y es muy popular porque resulta rápida y fácil de preparar, y contiene cúrcuma, que le confiere propiedades antibacterianas. Es crujiente, gracias a la col y los frutos secos, y tiene sabores cítricos y picantes. Las sobras pueden freírse y complementarse con huevo batido para el desayuno del día siguiente. Se cocina igual tanto si se utilizan judías verdes largas como anchas u otras variedades de judías y remolacha. Con frecuencia se le añade yogur para elaborar un encurtido conocido como Pachadi.

La ensalada de col gujarati casera, o sambharo, es casi idéntica y nos la enseñó a preparar nuestro amigo Ranjit Cheema. Es saludable porque se cocina rápidamente para que sea crujiente, y se sirve a temperatura ambiente. Puede servirse con arroz blanco para una comida vegetariana completa. Se le pueden añadir cacahuetes, pasas o garbanzos para que sea más sustanciosa.

Hemos combinado estas dos recetas en una (véase la foto de la pág. 143) y esperamos no haber ofendido a nuestros amigos.

100 g de guisantes congelados
350 g de col de hoja lisa (más o menos, ½ col mediana)
3 cucharadas de aceite de girasol o vegetal
½ a 1 chile verde, al gusto, en rodajas
1 cucharada de semillas de comino
½ cucharadita de semillas de cebolla negra
½ cucharadita de semillas de mostaza negra
1 cucharadita de sal (opcional)
½ cucharadita de cúrcuma en polvo
2 ramitas de hojas de curri (opcional)
50 g de cacahuetes (opcional)
350 g de zanahoria, rallada
50 g de pasas (opcional)
zumo de ½ limón
un puñadito de cilantro, sin tallos duros y troceado
pan chapati o paratha, para servir

SL SG V Ve Si se sirve sin chapati ni paratha.

Cocine los guisantes en agua hirviendo, escúrralos y resérvelos. Prepare la col desechando las hojas exteriores y córtela en rodajas de unos 3 mm de grosor con un cuchillo grande y afilado. Ahora disponga unas cuantas rodajas amontonadas sobre una tabla y córtelas para obtener tiras finas, del tamaño de cerillas.

Caliente el aceite y el chile con las semillas en una sartén grande antiadherente uno o dos minutos, hasta que las semillas salten, sálelo y añada la cúrcuma y las hojas de curri, si las utiliza. Añada los guisantes y remuévalos bien. Agregue la col y remueva todo constantemente, a fuego fuerte, unos 4 o 5 minutos, hasta que las tiras de col se ablanden como si fueran pasta al dente.

Tueste los cacahuetes en una sartén en seco a fuego medio hasta que se doren un poco. Mézclelos de vez en cuando. Retírelos del fuego y resérvelos para que se templen.

Añada las zanahorias, los cacahuetes y las pasas, si los utiliza, y deje cocer unos 3 minutos hasta que se ablanden las zanahorias.

Agregue el zumo de limón, manteniendo el fuego fuerte y removiendo todo constantemente durante uno o dos minutos para que se integren los sabores. Páselo a un plato y espolvoree cilantro troceado por encima. Sirva la ensalada con chapati o paratha.

ensalada de remolacha, naranja, almendras y eneldo

4–6 raciones

El rojo de la remolacha, el naranja de las zanahorias y el dorado de las almendras forman una mezcla llena de color y muy saludable, especialmente porque los ingredientes están crudos y repletos de vitaminas. El dulce aliño de naranja y la delicadeza del eneldo aportan un buen toque de sabor. Sirva la ensalada con cualquiera de las ensaladas al estilo de Oriente Medio o mediterráneas, o junto a un salmón o caballa a la plancha, pollo asado o huevos cocidos.

para el aliño

1 cucharadita de raspadura de naranja
100 ml de zumo de naranja recién exprimido (aproximadamente, 2 naranjas pequeñas)
3 cucharadas de aceite de oliva virgen extra
sal y pimienta negra recién molida

para la ensalada

un puñadito de almendras en láminas
2 remolachas pequeñas crudas, peladas y ralladas
2 zanahorias medianas, peladas y ralladas
1 naranja, pelada y en gajos partidos por la mitad
un puñadito de pasas
un puñadito de eneldo, sin tallos y troceado
arilos de una granada
1 cucharadita de semillas de cebolla negra (opcional)

SL SG V Ve

Prepare el aliño reduciendo la raspadura y zumo de naranja en una sartén pequeña a fuego medio. Deje que burbujee suavemente hasta que se reduzca a la mitad y luego déjelo templar. Cuando se enfríe, mézclelo con el aceite, la sal y la pimienta. Pruebe y rectifique la sazón.

Tueste las almendras en seco en una sartén antiadherente a fuego medio hasta que se doren, removiéndolas con frecuencia para que no se quemen.

Ponga los ingredientes de la ensalada en un bol, reservando unas cuantas hojas de eneldo y unas almendras para decorar. Mézclelo todo con el aliño antes de pasarlo a una fuente para servir. Esparza por encima el eneldo y las almendras reservados.

variación

Para una sabor más oriental, cambie el eneldo por perejil y añada comino molido y 1 cucharada de melaza de granada.

ensalada de berros baby y almendras con aliño de suero de leche

6 raciones

Esta crujiente ensalada es ideal como acompañamiento o primer plato con pollo asado, salmón escaldado o ahumado o huevos cocidos. El aliño puede prepararse con hasta dos días de antelación y el suero de leche sobrante sirve para elaborar un batido. Utilizamos apio de nuestro huerto: tiene un sabor fuerte al ser cultivado en casa, de modo que si usted utiliza una variedad comprada, puede añadir todas las hojas que desee; son muy gustosas y suelen usarse poco. Si los germinados son caseros, pueden emplearse otras semillas o lentejas en lugar de berros.

para el aliño

1 cucharada de cebollino, picado fino
1 cucharada de perejil, picado fino
1 cucharada de hojas de estragón, picadas finas
75 ml de Mayonesa casera (pág. 21) o comprada
100 ml de suero de leche o 80 ml de crème fraîche diluida con 20 ml de leche o crema agria
1 cucharada de zumo de limón
1 cucharadita de miel cruda suave (opcional)
1 diente de ajo pequeño, picado fino
3 cucharadas de aceite de oliva virgen extra
sal y pimienta negra recién molida

para la ensalada

75 g de almendras laminadas
300 g de hojas de ensalada, como canónigos o lechuga Butterhead
2 macetas de berros germinados (unos 60 g después de cortar) u otras semillas germinadas
2 ramas de apio y un puñado de hojas, cortadas finas
3 cucharaditas de granos de pimienta rosa

SG V

Mezcle bien los ingredientes del aliño. Salpimiéntelo al gusto y viértalo en una jarrita para servir. Consérvelo en el frigorífico si no va a utilizarlo al momento.

Tueste las almendras en seco en una sartén a fuego medio hasta que se doren ligeramente. Remuévalas con frecuencia. Retírelas de la sartén y resérvelas para que se templen.

Mezcle los ingredientes de la ensalada en un cuenco grande y luego espolvoree los granos de pimienta rosa por encima, chafándolos entre los dedos al echarlos sobre la ensalada. Sírvala con el aliño aparte.

ensalada por capas de garbanzos y salsa de tamarindo con aliño de yogur

6-8 raciones

Este plato se inspira en el popular plato de los puestos callejeros de India y Pakistán, la ensalada Chana chaat, con garbanzos, yogur, aliño de tamarindo y un toque final crujiente. La profesora de cocina india Zahda Saeed nos enseñó a equilibrar los sabores, sofreír la base y disponer las capas de la ensalada. Su familia la toma como acompañamiento de barbacoas o cenas pero es lo bastante consistente como para ser plato único —solo o con huevos cocidos—. Puede servirse caliente o prepararse el día anterior y servirse a temperatura ambiente. El chaat es una mezcla de especias y, junto a la salsa de tamarindo, se encuentra en tiendas de alimentación asiática. Pruebe el chaat antes de añadirlo, ya que puede ser muy salado.

para el aliño de yogur

200 g de yogur natural
½ cucharadita de especias garam masala
½ cucharadita de comino molido
20 g de cilantro, picado fino
sal y pimienta negra recién molida

para la ensalada

3 cucharadas de aceite de oliva
1 cucharadita colmada de semillas de comino
1 cucharadita colmada de polvos chaat
1 cucharadita colmada de especias garam masala
1 cucharadita colmada de comino en polvo
1 cucharadita colmada de cilantro en polvo
½ a 1 cucharadita de sal, al gusto
¼ de cucharadita de cúrcuma en polvo
½ a 1 chile verde, al gusto, picado fino
400 g de garbanzos en lata, escurridos
1 tomate grande, en rodajas de 1 cm
1 patata mediana, troceada (opcional)
1 pimiento rojo, sin semillas y en tiras largas y finas
1 pimiento verde, sin semillas y en tiras largas y finas
1 cebolla roja mediana, en rodajas finas
zumo de ½ limón pequeño
salsa de tamarindo, para servir
unas hojas de cilantro o de menta, para decorar
50 g de un ingrediente crujiente, como el aperitivo Bombay Mix

SG V

Mezcle los ingredientes del aliño en un bol y salpimiéntelo al gusto.

A continuación, fría las hortalizas. Caliente mucho el aceite, añada las semillas de comino y deje que empiecen a chisporrotear; luego agregue el resto de especias y el chile. Incorpore los garbanzos y deje que se impregnen del aceite especiado. Añada el resto de las verduras y remuévalas. Baje el fuego y siga cocinando las verduras 5 minutos para que empiecen a ablandarse al tiempo que se mantienen algo crujientes. Agregue un chorrito de zumo de limón y mézclelo todo bien.

Sirva enseguida la ensalada con el aliño de yogur por encima, un poco de salsa de tamarindo, las hojas de menta o cilantro y el toque final crujiente.

ensalada de zanahoria y jengibre

4–6 raciones

Mi madre siempre cocinaba zanahorias Vichy, sin jengibre, cuando yo era pequeña. Es una receta francesa clásica de la localidad del mismo nombre en la que se utiliza la famosa agua de Vichy. Una de mis tareas en la cocina era vigilar que las zanahorias no se quemasen. Al ser una familia numerosa, nos divertíamos mucho en la cocina preparando la comida y, como solía distraerme, las zanahorias acababan más caramelizadas de lo que a mi madre le hubiera gustado. Ahora añado jengibre a la receta, además de un par de ingredientes que le dan un toque final. Estas zanahorias son un acompañamiento ideal para asados, un buen primer plato o un plato principal vegetariano.

350–400 g de zanahorias baby o medianas con ramitas verdes
25 g de mantequilla
25 g de jengibre fresco, pelado y en rodajas
sal y pimienta negra recién molida

para el yogur de jengibre
20 g de jengibre fresco, pelado y picado fino
1 cucharada de aceite de oliva virgen extra
6 cucharadas de yogur griego

para la capa crujiente
2 cucharadas de almendras en láminas
un puñadito de ramitas de zanahoria, si tiene
un puñadito de perejil de hoja rizada o cilantro

SG V

Retire las ramitas de las zanahorias y resérvelas. Corte las zanahorias medianas por la mitad a lo largo; si son baby, déjelas enteras. Ponga las zanahorias, la mantequilla, las rodajas de jengibre, una buena pizca de sal y pimienta negra recién molida en 600 ml de agua hirviendo y tape parcialmente la olla. Baje el fuego y siga cociendo las zanahorias 15–20 minutos hasta que estén listas.

Cuando las zanahorias estén hervidas, póngalas en una fuente para servir y métalas en el horno a potencia muy baja para que no se enfríen. Reduzca la salsa, sin tapar la olla, hasta que queden unas 3 cucharadas de la misma. Vigílela para que no se evapore por completo, pero debe quedar espesa.

Para el yogur de jengibre, fría 5 minutos el jengibre en el aceite a fuego medio en una sartén pequeña. No debe quemarse pero tiene que impregnar con el aceite su sabor. Retírelo del fuego y resérvelo para que se temple. Mézclelo con el yogur y añada sal al gusto.

Tueste las almendras en una sartén en seco a fuego medio hasta que se doren ligeramente y remuévalas con frecuencia. Retírelas de la sartén y déjelas templar.

Corte las ramitas de zanahoria, el perejil y las almendras con un cuchillo grande. Salpimiente todo.

Vierta la salsa sobre las zanahorias, espolvoree las almendras por encima y sírvalas con el yogur aparte.

ensalada de aguacate y naranja

4–6 raciones

Esta ensalada me la enseñaron Robin y Chris Doucas, cocineros y ciudadanos de Sídney, quienes compartieron conmigo sus ensaladas australianas favoritas.

Nos gusta la sencillez de esta receta que solo requiere la combinación de sus tres ingredientes principales además del mejor aceite de oliva virgen extra. Utilice naranjas de temporada de calidad; las sanguinas quedan preciosas. Las cebollas rojas dulces quedan tan bien como las cebolletas. A Robin le gusta esta ensalada como guarnición de platos de marisco, antes, durante o después del plato principal, o simplemente como tentempié para renovar energías sin pesadez.

3 naranjas dulces
3 aguacates maduros y firmes
3 cebolletas, en láminas finas
5 cucharadas del mejor aceite de oliva virgen extra
un chorrito de zumo de limón, al gusto
sal y pimienta negra recién molida

SL SG V Ve

Pele las naranjas y córtelas en rodajas sobre un plato hondo para recoger el jugo. Pele y quite el hueso al aguacate y córtelo en láminas.

Disponga las rodajas de aguacate, los gajos de naranja y las láminas de cebolla en una fuente para servir. Mezcle el jugo de la naranja cortada con el aceite, el zumo de limón, la sal y la pimienta y viértalo sobre la ensalada. Sírvalo enseguida o hasta 1 hora más tarde.

guacamole

4–6 raciones

El guacamole debe hacerse con aguacates completamente maduros, si es posible de la variedad Hass, de color verde oscuro y piel rugosa, que poseen un buen sabor y una textura cremosa. Pruebe el guacamole sobre tostadas, con pescado, pollo, bastones de zanahoria, solo como tentempié o sobre huevos cocidos partidos por la mitad.

Tradicionalmente, el guacamole se elabora en un molcajete, un mortero de tres patas hecho de piedra volcánica. En casa es fácil chafar los aguacates con un tenedor, cortar el ajo muy menudo a mano y trocear el cilantro con tijeras. Añada o no el chile a su gusto, pero pruébelo primero, y recuerde que el picante se halla en las fibras blancas, no en las semillas. Si no, añada una cucharada de Salsa pico de gallo (pág. 188) a los aguacates chafados en vez del resto de ingredientes.

3 aguacates Hass maduros, pelados y sin hueso
zumo de 2 limas
$\frac{1}{2}$ a $\frac{3}{4}$ de cucharadita de sal
un puñadito de cilantro, picado fino
$\frac{1}{8}$ a $\frac{1}{4}$ de jalapeño o $\frac{1}{4}$ a $\frac{1}{2}$ chile rojo, al gusto, picado fino
1 diente de ajo, picado fino
1 tomate redondo mediano, en dados

SL SG V Ve

Chafe los aguacates con un tenedor en un cuenco mediano y añada el resto de los ingredientes, pruebe y rectifique la sal y el chile para equilibrar el condimento y el picante. El guacamole puede conservarse tapado en el frigorífico un par de días.

ensalada de jícama

4 raciones

Jane Milton es una buena amiga y una fantástica escritora culinaria. En sus viajes reúne recetas y ella nos habló de la jícama, un tubérculo redondo de color marrón que posee una textura entre una castaña de agua y una manzana crujiente, con un sutil sabor a plátano. La jícama se emplea en la cocina china en algunos platos sudamericanos, y también se conoce como batata o nabo chino. Se encuentra en las tiendas de alimentación asiática y vale la pena buscarla por su fabulosa textura y sabor. Si no dispone de jícamas, Jane recomienda utilizar manzana verde crujiente, como Granny Smith.

Esta es una de sus ensaladas mexicanas favoritas, publicada en el libro *The Practical Encyclopedia of Mexican Cooking*; es deliciosamente crujiente y dulce, y queda bien con carne o pescado a la barbacoa.

1 cebolla roja pequeña, partida por la mitad y en láminas finas
zumo de 2 limas
2 naranjas pequeñas
1 jícama mediana (unos 450 g)
½ pepino
½ a 1 chile de Fresno, rojo o verde, al gusto

SL SG V Ve

Ponga las láminas de cebolla y el zumo de lima en un bol y déjelas en remojo mientras prepara el resto de los ingredientes.

Elimine la piel y la cobertura blanca interna de las naranjas y luego, con un cuchillo pequeño y afilado, haga un corte entre los gajos para desprender la pulpa sin romper la piel. Exprima la piel blanca para obtener todo el jugo que haya allí. Es una buena idea separar los gajos de la naranja sobre un cuenco para conservar el jugo y añadirlo al que se obtenga de la piel blanca.

Pele la jícama y lávela con agua fría. Córtela en cuartos y luego en láminas en un bol. Corte el pepino por la mitad a lo largo y utilice una cucharita para retirar las semillas; luego córtelo en rodajas de 3 mm y añádalas al bol. Retire el tallo del chile y saque las semillas con un cuchillo afilado. Trocéelo finamente y agréguelo a la ensalada.

Mezcle los trozos de naranja y el zumo con la cebolla y añádalos a la jícama, el pepino y los chiles. Enfríe la ensalada al menos una hora antes de servirla. Puede conservarse 2–3 días en el frigorífico.

ensalada de pepino chafado

4 raciones

La directora de nuestro banco, Laura Lin-Wilkes, y es china nos recomendó incluir esta receta en el presente libro. No habíamos oído hablar de ella pero preguntamos a nuestro experto en cocina asiática, Jeremy Pang, y él nos ayudó. Ahora es una de las recetas favoritas de nuestro hijo Giorgio. Es importante respetar el tiempo indicado: solo hay que marinar durante 30 minutos y es mejor comer el plato poco después. Es una ensalada refrescante que combina con el Tofu sedoso de Jeremy con aliño de cebollino chino y salsa doubanjiang (pág. 149), huevos cocidos o cualquier plato chino.

1 pepino
5 cebolletas, en láminas finas
1 cucharadita de semillas de sésamo negro

para el marinado
1 cucharadita de aceite picante Chiu Chow o aceite de semillas y ½ a 1 cucharadita de copos de guindilla seca, al gusto
1 cucharada de tahina
4 cucharadas de chinkiang (vinagre negro de arroz) o vinagre balsámico
2 cucharadas de miel cruda suave o jarabe de arce (opción vegana)
½ cucharadita de sal
1 cucharada de salsa ligera de soja o salsa tamari (opción sin gluten)
15 granos de pimienta de Sichuán, chafados
1 diente de ajo, en láminas finas

SL SG V Ve Si se utiliza jarabe de arce y salsa tamari.

Corte el pepino por la mitad a lo largo, luego retire las semillas con una cucharita. Vuelva a partir en dos cada mitad a lo largo para obtener 4 cuartos largos y divida cada uno en trozos de 3 cm. Métalos en una bolsa con cierre hermético. Con un rodillo, chafe ligeramente el pepino, golpeándolo pero procurando que queden los trozos más o menos enteros. (Cuidado, no rompa la bolsa.)

Mezcle los líquidos para el marinado con 2 cucharadas de agua caliente en un bol y remuévalos hasta que se deshaga la tahina. Viértalo en la bolsa con el pepino. Selle de nuevo la bolsa y déjela en el frigorífico 20–30 minutos, pero no más o se reblandecerá. Sáquela del frigorífico y deseche tres cuartas partes del líquido. Ponga el pepino en una fuente para servir, rocíelo con el resto de salsa y esparza por encima la cebolleta y las semillas de sésamo.

raita de pepino

4–6 raciones

Utilice este plato como acompañamiento para la Ensalada por capas de garbanzos y salsa de tamarindo con aliño de yogur (pág. 180), curris o ensalada de pollo. Se le puede añadir leche o agua para hacerlo menos espeso. Puede conservarse en un recipiente hermético en el frigorífico hasta una semana. Si se separa, remuévalo antes de servirlo.

1 cucharadita de semillas de comino
½ pepino, rallado
400 g de yogur natural espeso
½ cucharadita de sal fina
1 cucharadita de miel cruda suave (opcional)
½ cucharadita de pimienta negra
un puñadito de menta, picada fina (opcional)
chile en polvo y cilantro picado, para decorar

SG V

Tueste las semillas de comino en una sartén pequeña en seco a fuego medio hasta que se doren ligeramente y suelten su aroma: tenga cuidado de que no se quemen. Resérvelas y déjelas templar.

Ponga el pepino rallado en un escurridor, al menos 10 minutos.

Mezcle todos los ingredientes en una fuente para servir y decore el plato con chile en polvo y cilantro.

ensalada de quinoa, calabacín y maíz

4–6 raciones

Esta simple combinación de tres ingredientes principales es exquisita. La superabundancia de calabacines en el huerto, que con frecuencia tienden a pasarse rápidamente, hace que siempre andemos buscando maneras de cocinarlos. Este es un buen acompañamiento para cualquier plato principal, que puede convertirse en la estrella si se le añaden láminas de aguacate, frutos secos tostados o virutas de parmesano.

200 g de quinoa u otro cereal, como farro, freekeh o arroz integral
2 calabacines medianos (unos 350 g de peso total), cortados en dados de 1 cm
2 cucharadas de aceite de oliva o aceite de coco
3 cucharadas de aceite de oliva virgen extra
1 mazorca de maíz cocida, desgranada o 200 g de maíz dulce en lata
un puñado de perejil sin tallos gruesos, troceado
sal y pimienta negra recién molida

SL SG V Ve Si se utiliza quinoa o arroz integral.

Cocine los cereales según las instrucciones del paquete.

Mientras, fría 5 minutos los calabacines en el aceite de oliva o coco, removiéndolos regularmente y hasta que se doren un poco pero sigan firmes. Resérvelos.

Escurra los cereales y mézclelos con el aceite de oliva, los calabacines, el maíz y el aliño en una fuente para servir. Deje templar la ensalada a temperatura ambiente e incorpore el perejil justo antes de servirla.

ensalada cruda de brotes, castañas y achicoria

6 raciones

Resulta divertido inventar versiones de invierno y verano de esta ensalada de hortalizas cortadas finas. La primera vez que la vi fue en el Wild Rabbit de Kingham (Reino Unido). Contiene coles de Bruselas crudas, zanahorias y castañas, y combina colores y texturas con un aliño de mostaza agradablemente intenso. Casi siempre ofrecen una ensalada de hortalizas troceadas en el menú, cuyos ingredientes varían con las estaciones. Aunque esta ensalada se basa en la textura crujiente, es una buena idea incluir en ella algo blando, como castañas o queso; por ejemplo, un buen cheddar o manchego. A nosotros nos gusta esta versión para tomarla sola o junto con otras ensaladas europeas.

1 cebolla roja pequeña, picada fina
125 g de coles de Bruselas, en tiras finas
125 g de zanahorias, picadas finas
125 g de achicoria morada, picada fina
125 g de colinabo, picado fino
2 ramas de apio y unas cuantas hojas, picadas
1 manzana, tipo Cox, picada
un puñadito de cebollino, picado
un puñado de castañas cocidas (envasadas al vacío es lo ideal), desmenuzadas o picadas
75 g de queso cheddar, en dados
1 ración de Vinagreta de mostaza y miel (pág. 19)
sal y pimienta negra recién molida

SG V

Remoje la cebolla en agua fría 20-30 minutos y luego escúrrala bien.

Mezcle la cebolla con el resto de los ingredientes y el aliño en una fuente para servir. Pruebe y rectifique la sazón a su gusto.

ensalada de patatas nuevas con vinagreta de balsámico, salvia y romero

4-6 raciones

Este rico aliño de hierbas es de nuestra amiga Wendy Holloway, de Roma, que lo utiliza con frecuencia en su escuela de cocina. En verano le encanta utilizarlo para condimentar hortalizas asadas. Es perfecto para las barbacoas y para acompañar carnes a la brasa.

1,2 kg de patatas nuevas o viejas, peladas y cortadas en dados de 3 cm
1 diente de ajo, picado fino
1 cebolla roja pequeña, picada fina
10 cm de romero, sin tallos y con las hojas picadas finas
unas cuantas hojas de salvia, sin tallos
5 cucharadas de aceite de oliva virgen extra
1 cucharada de vinagre balsámico
sal y pimienta negra recién molida

SL SG V Ve

Cocine las patatas en abundante agua hirviendo con sal.

Mientras, prepare el aliño mezclando el resto de ingredientes en un bol. Cuando las patatas estén listas, escúrralas y, con unas pinzas, póngalas en una fuente para servir chafándolas un poco. Vierta el aliño por encima y deles la vuelta con cuidado para que se impregnen bien. Sírvalas enseguida o déjelas templar. Se conservan bien en el frigorífico un par de días pero déjelas templar antes de servir o métalas un momento en el horno para calentarlas.

salsa de piña y jengibre

4–6 raciones

Originaria de Sudamérica, la piña llegó al Caribe a través de los indios caribes, donde Cristóbal Colón la descubrió en 1493. Con los años se convirtió en un símbolo para los marineros para comunicar que estaban de vuelta en casa: dejaban una fuera de sus hogares como diciendo: «Estoy de regreso, ven a verme». La salsa de piña suele servirse con alimentos mexicanos, además de caribeños. Es especiada y dulce, y combina bien con langostinos a la plancha, pescado, jamón y salchichas picantes.

½ cebolla roja pequeña, picada fina
500 g de piña madura, pelada y cortada en dados de 5 mm
½ pimiento rojo, sin semillas y cortado en dados de 5 mm
½ a 1 chile rojo, al gusto, picado fino
2 cucharaditas de jengibre fresco rallado
zumo de 1 lima
un puñadito de cilantro, sin tallos gruesos, picado
sal y pimienta negra recién molida

SL SG V Ve

Remoje la cebolla en agua mientras prepara el resto de los ingredientes.

Mezcle la piña y el pimiento en una fuente con la cebolla escurrida y el resto de los ingredientes. Salpimiente la ensalada al gusto y sírvala enseguida, o consérvela en el frigorífico hasta un día.

chutney de mango fresco

6 raciones

Nos encanta este chutney rápido; servido con ensaladas indias, del sudeste asiático o sudamericanas, aporta color y el dulzor del mango alivia a los invitados que sufran con el picante.

1 mango, en rodajas de 1 cm
1 cucharada de hojas de cilantro picadas
2 cucharadas de jengibre fresco rallado
zumo de ½ limón o 1 lima
¼ a ½ chile rojo o verde, al gusto, en rodajas finas
sal

SL SG V Ve

Mezcle los ingredientes en un bol, ajuste el condimento al gusto y sirva el plato.

salsa pico de gallo

4–6 raciones

Esta salsa sudamericana picante es sencillamente deliciosa y puede utilizarse de múltiples maneras: como salsa algo picante para brochetas, con pescado o carne a la plancha o como relleno de tacos.

200 g de tomates sabrosos, de un solo tipo o una mezcla de grandes, medianos o cherry, troceados
½ chalota o 2 cebolletas, picadas
1 diente de ajo, troceado
¼ a ½ jalapeño u otro tipo de chile, al gusto, troceado
un manojito de cilantro, troceado
zumo de 1 lima
sal y pimienta negra recién molida

SL SG V Ve

Mezcle los ingredientes en un bol grande y pruebe el resultado. Rectifique la sazón si es necesario. Sírvalo enseguida o hasta dos horas más tarde si lo conserva en frío.

ensalada verde

6 raciones

¿Qué es una ensalada verde? Resulta más fácil definir lo que no debería ser. No debería ser un bol desaliñado de lechuga amarga como la escarola acompañada de pepino en rodajas y un poco de pimiento verde amargo. Difícil de tragar, sin sabor y nada más que ofrecer que el color verde.

Giancarlo dice que es una costumbre británica tomar algo verde con cada comida. Él y sus compatriotas italianos se ponen de los nervios cuando acompañamos un plato caliente de pasta con un bol de ensalada. Los italianos, franceses y japoneses toman la ensalada antes de comer para abrir el apetito. Si se toma como acompañamiento, no debería dominar el plato principal, sino complementarlo. De modo que hay que optar por un aliño suave, como el de esta receta, una sencilla mezcla de zumo de limón con un aceite de oliva virgen extra de calidad pero suave.

Nuestra ensalada verde ideal podría ser tan simple como una lechuga Butterhead directa del huerto, lavada y aclarada con un chorrito de Vinagreta clásica (pág. 20). Para que la guarnición tenga algún interés si, por ejemplo, acompaña a un filete, añada hojas variadas, hierbas frescas, hortalizas verdes picadas, como pepino, calabacín, pimiento, guisantes o tirabeques y riéguela con la Vinagreta de mostaza y miel (pág. 19). Si la ensalada se sirve junto a platos del sudeste asiático, pruebe el Aliño de soja y jengibre (pág. 18). Si desea más texturas, vea las sugerencias fotografiadas en la página 9, como frutos secos tostados, semillas o migas como las de la página 134 para un toque crujiente. Para que llene más, incluya proteínas, como aguacate, feta, mozzarella o pollo.

200 g de lechuga de sabor suave, tipo Butterhead, Baby Gem o romana, sin tallos amargos
½ pepino, pelado y en bastoncitos
1 rama de apio, cortada fina en diagonal
25 g de hojas de sabor fuerte, como las de mostaza, rúcula, diente de león, berros o semillas germinadas de berro o amaranto, o lentejas germinadas
15 g de hojas variadas de perejil, cilantro, cebollino, perifollo, perifollo oloroso, hinojo silvestre, menta, albahaca

para el aliño

1 cucharada de zumo de limón
2 cucharadas de aceite de oliva virgen extra
sal y pimienta negra recién molida

SL SG V Ve

Disponga los ingredientes de la ensalada en una fuente grande. Agite el zumo de limón junto con el aceite, la sal y la pimienta. Vierta el aliño sobre la ensalada, remuévala con pinzas o con dos cucharas (o con las manos) y sírvala enseguida.

7

algo dulce

macedonia de frutas oscuras asadas con amaretto
y crema de anacardos y lima
ensalada de fresas, pistachos y menta con crema de agua de rosas
y merengue
melaza negra y tahina con dátiles, frutos secos, plátanos y manzanas
kiribath con ensalada de pera, anacardos y albaricoques
frambuesas y grosellas con ricotta, crema de limón y migas de jengibre
dátiles rellenos de feta y menta
labneh
higos y albaricoques asados rellenos de granola y canela con labneh

macedonia de frutas oscuras asadas con amaretto y crema de anacardos y lima

4–6 raciones

Durante un breve período, las cerezas comparten temporada con las moras y las ciruelas. Las frutas oscuras como estas están repletas de antioxidantes y combinan bien juntas. Según el dulzor de las frutas, ajuste la cantidad de miel a su gusto; tal vez no sea necesario añadirla. Las moras grandes, más jugosas, son mejores para asar que las silvestres, más menudas.

Para la crema de anacardos, hace falta una trituradora potente o la crema quedará algo granulosa. Nos encanta su sabor a frutos secos y la textura, y es una buena alternativa vegana para los que no toman lácteos. Las frutas también resultan deliciosas con la Nata de coco (pág. 34) o la Crema de limón (pág. 79).

para la crema de anacardos y lima

200 g de anacardos, remojados en agua fría filtrada 2 horas

raspadura y zumo de 1 lima

1–2 cucharadas de miel cruda suave o jarabe de arce, al gusto

para la macedonia

600 g de frutas variadas, como cerezas, ciruelas, moras, grosellas negras y arándanos

1–2 cucharadas de miel cruda suave, jarabe de arce o azúcar glas (opcional), al gusto

5 cucharadas de amaretto, grand marnier u otro licor o vino dulce de su elección

SL SG V Ve Si utiliza jarabe de arce o azúcar.

Para preparar la crema, escurra los anacardos y tritúrelos en una batidora con el resto de ingredientes y 100–120 ml de agua, añadiendo más agua poco a poco para conseguir una crema suave que caiga con facilidad de una cuchara. Endulce al gusto con miel, jarabe de arce o azúcar. La crema puede conservarse hasta 3 días en el frigorífico en un recipiente hermético.

Precaliente el horno a 180 °C / potencia 4 de gas.

Corte las ciruelas, si las utiliza, en cuñas pequeñas del tamaño de las moras para que el tiempo de cocción sea el mismo. Corte las cerezas por la mitad y retire el hueso. Deje el resto de frutas enteras. Riéguelas con la miel, el jarabe de arce o el azúcar, si los utiliza, y ase las frutas 15–20 minutos o hasta que se ablanden. Añada el licor y áselas 5 minutos más. Retírelas del horno y déjelas templar. Sirva la macedonia con la crema de anacardos y lima.

ensalada de fresas, pistachos y menta con crema de agua de rosas y merengue

8–10 raciones

Este asombroso y festivo postre hará las delicias de los invitados: fresas con nata montada al agua de rosas y merengue. Es fácil de montar y se puede decorar con pétalos de rosa comestibles, pistachos y menta. También queda bien en copas individuales.

Nosotros utilizamos agua de rosas galesa, que es un deleite y puede adquirirse en internet. El agua de rosas también se encuentra en tiendas de alimentación oriental, pero su calidad varía. Gástese algo más de dinero en una de calidad y marcará la diferencia.

Hay diferentes maneras de elaborar el merengue pero, para nosotros, la que sigue es la más útil. Se basa en el sistema suizo y el resultado es más consistente.

para los merengues
150 g de clara de huevo (unas 5 claras)
300 g de azúcar glas

para el coulis
250–350 g de fresas, sin hojas y cortadas por la mitad
2–3 cucharadas de azúcar glas

para la crema
60 g de azúcar glas
600 ml de nata doble
4–5 cucharadas de agua de rosas

para servir
300 g de fresas
un puñado de hojitas de menta
25 g de pistachos, pelados
un puñado de pétalos de rosa rosados comestibles, de rosas ecológicas o rosa canina

SL SG V Ve

Ponga las claras y tres cuartas partes del azúcar en un cuenco y mézclelos. Disponga el cuenco sobre una olla de agua hirviendo sin que el agua llegue a tocar el cuenco. Bata la mezcla con unas varillas eléctricas hasta que alcance 45 °C o hasta que empiece a brillar y espesar. Retire la mezcla del calor y siga batiéndola hasta que doble su tamaño. Mientras lo hace, vaya añadiendo el resto del azúcar poco a poco.

Precaliente el horno a 110 °C / potencia ¼ de gas. Forre dos bandejas con papel vegetal.

Disponga el merengue con una manga pastelera o unas cucharadas formando montoncitos de 4 cm de diámetro y 2–3 cm de altura sobre las bandejas. Cocínelos 30–40 minutos o hasta que se noten ligeros al tacto, se levanten fácilmente y estén crujientes por fuera pero algo blandos por dentro. Si le gusta el merengue más cristalizado, déjelo en el horno 15 minutos más. Déjelo templar.

Para elaborar el coulis, hierva las fresas y el azúcar 15 minutos hasta que la fruta se ablande y su volumen se reduzca. Cuele el coulis y déjelo templar.

Para la crema, monte el azúcar glas y la nata, y luego añada el agua de rosas al gusto.

Para servir la ensalada, haga montoncitos de merengue, crema y fresas en una fuente (o copas individuales) y añada la menta, los pistachos, los pétalos de rosa y el coulis por encima.

melaza negra y tahina con dátiles, frutos secos, plátanos y manzanas

6 raciones

Yehia El Alaily, un fotógrafo egipcio, nos enseñó esta rara mezcla. Nos mostró una fotografía preciosa de un bol de tahina con una espiral de melaza junto a una taza de café. Experimentamos la combinación con diferentes frutas y esta es la mejor. También resulta delicioso sobre tostadas y con semillas de sésamo. El dukka es una mezcla egipcia de frutos secos, semillas y especias que se sirve con pan y aceite. En este caso, Susie, nuestra estilista culinaria, presenta una versión dulce que nos encanta.

para el dukka dulce

50 g de frutos secos, como pistachos, almendras, nueces o semillas de sésamo
½ cucharadita de granos de pimienta negra
1–2 cucharaditas de azúcar integral (opcional), al gusto

para la fruta

6 plátanos, cortados a lo largo
2 manzanas de piel roja, sin pepitas y en bastoncitos
1 pera, sin pepitas y en bastoncitos (opcional)
zumo de ½ limón
6 dátiles Medjool, sin hueso y en cuartos a lo largo
2 cucharadas de miel clara
4 cucharadas de tahina
3 cucharadas de melaza negra

SL SG V

Precaliente el horno a 180 °C / potencia 4 de gas. Forre una bandeja de horno con papel vegetal.

Tueste los frutos secos sobre la bandeja 8–10 minutos o hasta que se doren un poco, y sacuda la bandeja a media cocción. Añada las semillas a media cocción. Pase los frutos secos y semillas a un plato para templarlos.

Prepare el dukka moliendo los granos de pimienta en un mortero. Incorpore los frutos secos y el azúcar, al gusto, y siga moliendo la combinación. Resérvela.

Ponga los plátanos, las manzanas y la pera, si la utiliza, en una fuente para servir y rocíelos con el zumo de limón. Esparza los dátiles por encima. Vierta un poco de miel y espolvoree el dukka por encima. Mezcle la tahina con la melaza en un bol y preséntela aparte para que los invitados se sirvan a su gusto.

kiribath con ensalada de pera, anacardos y albaricoques

4–6 raciones

Esta combinación típica de Sri Lanka de arroz dulce al coco y frutas secas ácidas con miel es deliciosa en un día frío. Se pueden utilizar orejones, mango, peras, pasas, dátiles, cerezas o arándanos rojos. El kiribath también se puede dejar enfriar y cortarlo en cuadrados y tomarlo con puré de mango y fruta fresca o bien solo con una taza de café. Como con todos los platos de arroz, el arroz debe enfriarse enseguida y dejarlo en el frigorífico en menos de una hora desde su cocción. Esta es la receta de Manjula Samarasinghe, y ella la sirve tras un curri picante.

125 g de arroz basmati o arroz rojo asiático
6 orejones
4 mitades de pera deshidratada
50 g de anacardos o pistachos
4 dátiles Medjool, sin hueso
400 ml de leche de coco
1 cucharadita de extracto de vainilla
2 cucharaditas de miel cruda suave o jarabe de arce (opción vegana), más 2 cucharadas para servir

SL SG V Ve Si se utiliza jarabe de arce.

Remoje el arroz en agua fría 30 minutos. Ponga los orejones, las peras y los frutos secos en remojo con agua recién hervida 20 minutos, mientras prepara la macedonia de fruta seca.

Corte los dátiles en trozos de 5 mm y póngalos en un bol; si están muy pegajosos, hágalo con un cuchillo húmedo.

Retire la fruta y los frutos secos del agua, corte la fruta en trozos de 5 mm y añádala a los dátiles.

Escurra el arroz y póngalo en una olla con 200 ml de agua y cuézalo, según las instrucciones del paquete, hasta que se haga sin pasarse; luego añada la leche de coco poco a poco para obtener una consistencia cremosa y siga cociéndolo 5 minutos más; incorpore la vainilla y la miel o el jarabe de arce al gusto.

Retírelo del fuego y viértalo en vasitos para servir. Disponga la fruta seca encima y rocíelo todo con miel o jarabe de arce. Sirva la ensalada enseguida.

frambuesas y grosellas con ricotta, crema de limón y migas de jengibre

6 raciones

Sencillo y efectivo, este postre es rápido de preparar e ideal en verano, cuando las frambuesas y las grosellas son una explosión de dulzor. Nos gusta el punto algo ácido de la ricotta con la crema de limón. Nosotros elaboramos nuestras propias galletas al jengibre sin gluten, pero compre las de su marca preferida para desmigarlas sobre el postre y darle el toque final.

150 ml de nata para montar
250 g de ricotta, escurrido
100 g de crema de limón
300 g de frambuesas
50 g de grosellas u otras bayas
2–3 galletas de jengibre, para decorar

SG V Si se utilizan galletas de jengibre sin gluten.

Monte la nata y la ricotta con la batidora eléctrica. Disponga el resultado en cucharadas sobre una fuente para servir e incorpore en forma de remolino la crema de limón. Esparza las bayas por encima y acabe el postre con las galletas desmigadas. Se conserva bien en el frigorífico un par de horas si desea prepararlo con antelación.

dátiles rellenos de feta y menta

salen 10

Esta es una receta sencillísima y realmente deliciosa. Es de nuestro amigo chef Mustafa, que dirige seis restaurantes en El Cairo y a quien le encanta promocionar la comida egipcia. Yo la sirvo después de la comida con el café, pero resulta igualmente indicada como desayuno con un zumo, ya que el azúcar de los dátiles proporciona energía inmediata.

10 dátiles Medjool
50 g de queso feta, desmenuzado
1 cucharada de hojas de menta picadas

SG V

Practique un corte a lo largo de los dátiles y ábralos sin separar las dos mitades del todo. Retire los huesos. Mezcle el feta con la menta y rellene los dátiles. Ciérrelos y sírvalos fríos o a temperatura ambiente.

labneh

salen aproximadamente 200 g

El labneh no es propiamente un queso, aunque lo parece. De hecho, es un yogur escurrido que se parece al queso para untar. Se elabora con yogur fresco vivo y es más saludable que la mayoría de quesos para untar pasteurizados porque lleva probióticos activos. Es fácil de hacer y muy versátil. Utilícelo como queso en crema o añádale sabores con hierbas y especias. Se conserva en el frigorífico hasta 5 días.

para hacer labneh salado

450 g de yogur espeso de leche de oveja, cabra o vaca
1 cucharadita de sal

para hacer labneh dulce

450 g de yogur espeso de leche de oveja, cabra o vaca
2–4 cucharadas de miel suave cruda, al gusto
½ cucharadita de canela en polvo

SG V

Corte un cuadrado de tela de muselina de unos 75 cm. Extiéndalo sobre un colador y vierta sobre la tela agua hirviendo para esterilizarla. Escúrrala y extiéndala sobre un bol.

Ponga el yogur en el centro de la tela. Levante los extremos y átelos con una cuerda. Cuelgue la tela para que escurra con un cuenco debajo. Cuanto más tiempo la deje, más seco y firme quedará el yogur. Déjela un día hasta que deje de gotear para obtener la consistencia de un queso para untar; en 4–5 horas ya se consigue un labneh suave. Se puede desechar el residuo líquido, aunque es suero de leche vivo y puede utilizarse para preparar chucrut o kimchi, por ejemplo.

Ponga el labneh en un bol y añada la sal o la miel y la canela, según el tipo que desee.

variaciones saladas

Añádale cebollino picado, perejil picado, raspadura de limón, ajo o chile. Un chorrito de un buen aceite de oliva le dará un aspecto brillante y más sabor, además de evitar que se forme una costra.

higos y albaricoques asados rellenos de granola y canela con labneh

4–6 raciones

Este postre es de marcado acento invernal. Si no quiere preparar usted el labneh ni puede adquirirlo fácilmente en una tienda de alimentación con productos de Oriente Medio, utilice yogur griego en su lugar. El relleno es tan delicioso que es una buena idea aprovechar las sobras (o yo hago el doble de cantidad) para elaborar Tortitas de plátano (pág. 32).

para el relleno

50 g de dátiles Medjool (aproximadamente 3), deshuesados antes de pesarlos
25 g de pasas amarillas o verdes, remojadas toda la noche en agua fría y escurridas
50 g de manzanas o peras deshidratadas u orejones
2 cucharaditas de extracto de vainilla
1–2 cucharaditas de canela molida
100 g de frutos secos, como nueces, piñones, pacanas o almendras, remojados toda la noche en agua fría y escurridos
25 g de pipas peladas de calabaza, remojadas toda la noche en agua fría y escurridas

6 albaricoques frescos (no importa si no están maduros del todo)
6 higos pequeños frescos

SL SG V Ve

Precaliente el horno a 150 °C / potencia 2 de gas.

Prepare el relleno triturando en un robot de cocina los dátiles, pasas, manzanas, vainilla, canela y frutos secos hasta que formen una pasta. Después, mezcle la pasta con las pipas peladas de calabaza.

Corte por la mitad y quite el hueso de los albaricoques y practique dos cortes sobre cada higo para que se abra. Rellene cada fruta con una cucharada del relleno y dispóngalas sobre una bandeja. Hornéelas 15–20 minutos o hasta que la fruta se ablande y se dore ligeramente. Sírvalos con el labneh dulce (véase receta anterior).

Agradecimientos

Muchas gracias:

A Anne Head, cuya frustración al no encontrar recetas de ensaladas fue la inspiración para este libro, y a las *spice ladies* por una estancia genial en Marruecos: todo esto surgió de aquel fin de semana.

A Sheila Abelman, nuestra agente literaria, por poner el plan en acción.

A Kyle Cathies: gracias por creer en la idea del maravilloso mundo de las ensaladas.

A Vicky Orchard y Amberley Lowis, por ensamblar el proyecto.

A Helen Cathcart, por sus bellas fotografías y energía sin fin.

A Susie Theodorou y Camilla Baynham, por dar vida a mis recetas con su asombroso estilismo, y a la paciente Nicole por lavar tantos platos.

A Louise Leffler, por el precioso diseño del libro.

A Linda Berlin, por el atrezo perfecto.

Gracias a Jamie Macdonald por permitirnos una semana de ensueño en Nueva York.

A todos nuestros extraordinarios amigos que nos han ayudado a buscar, probar (a veces el mismo plato una y otra vez, ¡lo sé!), comer y desarrollar recetas. Habéis sido muy pacientes con nosotros y nos habéis regalado mucho tiempo: gracias a Karin Piper, Amal Alquahtani, Linda Hutchings, Anne Hudson, Louise Ford, Carly y Robbo Roberts, Susie Jones, Karen Courtney, Sally Dorling, Joe Mosse, Reiko Hara, Margaret y Mike Boynton, Ranjit Cheema, Manjula Samararasinghe y Stefano Borella.

Y gracias a los degustadores por su buena educación al verse delante de una ensalada más para probar: Sian y Steve, Ian y Carrie, Philip, Giorgio y Flavio.

índice

A

recursos

Escuelas y maestros de cocina del Reino Unido

Zhada Saeed enseña su fabulosa cocina india en **www.authenticindianfood.co.uk**

Sara Mittersteiner dirige una empresa de catering vegana llamada Pomodoro E Basilico, que incluye clubes de cenas y eventos privados, pero que ahora se centra en los mercados callejeros del Reino Unido. Sígala en Instagram: pomodoro-e-basilico

Jeremy Pang enseña cocina asiática en **www.schoolofwok.co.uk**

Atsuko enseña cocina japonesa casera en **www.atsukoskitchen.com/catering**

Silvia Nacamulli es una brillante profesora de cocina italiana y judía, **www.cookinSGorthesoul.com**

Wendy Holloway: aprenda cocina italiana en Roma con **www.flavorofitaly.com**
Carolina Català-Fortuny: profesora y cocinera espectacular de cocina española: **spooninhand@gmail.com**

La Cucina Caldesi Ltd: venga a aprender platos mediterráneos, especialmente todos los relacionados con Italia, y ahora ¡ensaladas! **www.caldesi.com**

Mis lugares favoritos para entretenerme cuando debería estar escribiendo

Tieghan Gerard con su blog lleno de inspiración: **www.halfbakedharvest.com**

Food52.com: una web enorme llena de las recetas más modernas y una fuente de gran inspiración

Otro blog entre mis preferidos: **www.thekitchn.com**